Benedikt XVI.

Wer hofft, kann anders leben

W0034754

Benedikt XVI.

Wer hofft,
kann anders leben

Worte an junge Menschen

Herausgegeben von
Lucio Coco und Stefan v. Kempis

HERDER

FREIBURG · BASEL · WIEN

MIX
Papier aus verantwor-
tungsvollen Quellen
FSC® C106847

Originaltitel:
Pensieri ai giovani
A cura di Lucio Coco
© Libreria Editrice Vaticana 2010

Deutschsprachige Ausgabe:
Bearbeitet von Stefan v. Kempis
© Verlag Herder GmbH, Freiburg im Breisgau 2012
Alle Rechte vorbehalten
www.herder.de

Umschlaggestaltung: Finken & Bumiller
Umschlagmotiv: © KNA-Bild
Satz: Barbara Herrmann, Freiburg
Herstellung: fgb · freiburger graphische betriebe
www.fgb.de

Printed in Germany

ISBN 978-3-451-32449-9

Inhaltsverzeichnis

Liebe Jugendliche, das Glück, das ihr sucht, das Glück, auf das ihr ein Anrecht habt, hat einen Namen, ein Gesicht: Es ist Jesus von Nazaret, verborgen in der Eucharistie. Er allein schenkt der Menschheit Leben in Fülle!

Benedikt XVI.

Ein Wort vorab:
Ihr seid das Licht der Welt

Liebe junge Freunde!

In allen Kirchen, in den Domen und Klöstern, überall wo sich die Gläubigen zur Feier der Osternacht versammeln, wird die heiligste aller Nächte mit dem Entzünden der Osterkerze eröffnet, deren Licht dann an alle Anwesenden weitergereicht wird. Eine winzige Flamme verbreitet sich im Kreis vieler Lichter und erhellt das dunkle Gotteshaus … Er, Christus, der von sich sagt: »Ich bin das Licht der Welt« (Joh 8,12), bringt unser Leben zum Leuchten … Es sind nicht unsere menschlichen Anstrengungen oder der technische Fortschritt unserer Zeit, die Licht in diese Welt bringen. Immer wieder erleben wir es ja, dass unser Mühen um eine bessere und gerechtere Ordnung an seine Grenzen stößt. Das Leiden der Unschuldigen und letztlich der Tod eines jeden Menschen sind ein undurchdringliches Dunkel … und doch schauen wir ein Licht: eine kleine, winzige Flamme, die stärker ist als die so mächtig und unüberwindbar scheinende Dunkelheit. Christus, der von den Toten erstanden ist, leuchtet in dieser Welt und gerade dort am hellsten, wo nach menschlichem Ermessen alles düster und hoffnungslos ist. …

Wer an Jesus glaubt, hat sicherlich nicht immer Sonnenschein im Leben, so als ob ihm Leiden und Schwierigkeiten erspart bleiben könnten, aber es gibt da immer einen hellen Schein, der ihm einen Weg zeigt, den Weg, der zum Leben in Fülle führt (vgl. Joh 10,10) … Das Licht bleibt nicht allein. Rings herum flammen weitere Lichter auf. In ihrem Schein erhält der Raum Konturen, so dass man sich orientieren kann. Wir leben nicht allein auf der Welt. Gerade in den wichtigen Dingen des Lebens sind wir auf Mitmenschen angewiesen. So stehen wir besonders im Glauben nicht allein, wir sind Glieder der großen Kette der Gläubigen. Niemand kann glauben, wenn er nicht durch den Glauben der anderen gestützt wird, und durch meinen Glauben trage ich wiederum dazu bei, die anderen in ihrem Glauben zu stärken …

Liebe Freunde, immer wieder ist das Bild der Heiligen karikiert und verzerrt worden, so als ob heilig zu sein bedeute, weltfremd, naiv und freudlos zu sein. Nicht selten meint man, ein Heiliger sei nur der, der asketische und moralische Höchstleistungen vollbringe und den man daher wohl verehren, aber im eigenen Leben doch nie nachahmen könne. Wie falsch und entmutigend ist diese Meinung! Es gibt keinen Heiligen, mit Ausnahme der seligen Jungfrau Maria, der nicht auch die Sünde gekannt und niemals gefallen wäre. Liebe Freunde, Christus achtet nicht so sehr darauf, wie oft wir im Leben straucheln, sondern wie oft wir mit seiner Hilfe wieder aufstehen. Er fordert keine Glanzleistungen, sondern möchte, dass Sein Licht in euch scheint. Er ruft euch nicht, weil ihr gut und vollkommen seid, sondern weil Er gut ist und euch zu seinen Freunden machen will. Ja, ihr seid das Licht der Welt, weil Jesus euer Licht ist …

Eine Kerze kann nur dann Licht spenden, wenn sie sich von der Flamme verzehren lässt. Sie bliebe nutzlos, würde ihr Wachs nicht das Feuer nähren. Lasst es zu, dass Christus in euch brennt, auch wenn das manchmal Opfer und Verzicht bedeuten kann. Fürchtet nicht, ihr könntet etwas verlieren und sozusagen am Ende leer ausgehen. Habt den

Mut, eure Talente und Begabungen für Gottes Reich einzusetzen und euch hinzugeben – wie das Wachs einer Kerze – damit der Herr durch euch das Dunkel hell macht. Wagt es, glühende Heilige zu sein, in deren Augen und Herzen die Liebe Christi strahlt und die so der Welt Licht bringen. Ich vertraue darauf, dass ihr und viele andere junge Menschen hier in Deutschland Leuchten der Hoffnung seid, die nicht verborgen bleiben. »Ihr seid das Licht der Welt.« Wo Gott ist, da ist Zukunft!

(Gebetsvigil mit Jugendlichen in Freiburg, 24.9.11)

Auf Christus bauen

Programm

Das Leben auf Christus aufbauen, freudig sein Wort annehmen und seine Lehre in die Tat umsetzen: das, liebe Jugendliche des dritten Millenniums, muss euer Programm sein!

(Botschaft, 22.2.06)

Das Wort Christi

Liebe Freunde, baut euer Haus auf dem Felsen, wie der Mann, der »die Erde tief aushob«. Versucht auch ihr, jeden Tag dem Wort Christi zu folgen. Betrachtet ihn als den wahren Freund, mit dem ihr euren Lebensweg teilen könnt. Mit ihm an eurer Seite werdet ihr fähig sein, den Schwierigkeiten, den Problemen und auch den Enttäuschungen und Niederlagen mit Mut und Hoffnung entgegenzutreten. Euch werden immerzu leichtere Angebote gemacht, aber ihr werdet selbst merken, dass sie sich als trügerisch erweisen, euch keinen Frieden und keine Freude schenken. Nur das Wort Gottes weist uns den wahren Weg, nur der Glaube, der an uns weitergegeben wurde, ist das Licht, das den Weg erleuchtet. Nehmt dieses geistliche Geschenk, das ihr von euren Familien empfangen habt, dankbar an, und bemüht euch, verantwortungsvoll auf den Ruf Gottes zu antworten und im Glauben erwachsen zu werden. Schenkt jenen, die euch sagen, dass ihr die anderen nicht braucht, um euer Leben aufzubauen, keinen Glauben! Stützt euch vielmehr auf den Glauben derer, die euch nahestehen, auf den Glauben der Kirche, und dankt dem Herrn, dass ihr ihn empfangen und angenommen habt! *(Botschaft, 6.8.10)*

Auf dem Weg der Heiligkeit

Liebe Jugendliche! Lasst euch vollkommen von Christus erobern! Begebt auch ihr euch entschlossen auf den Weg der Heiligkeit, den Weg der Berührung, der Übereinstimmung mit Gott – einen Weg, der offen ist für alle –, denn das lässt euch auch kreativer sein bei der Suche nach den Lösungen für die Probleme, die sich euch stellen werden. *(Ansprache, 4.7.10)*

Hundertfach

Haben wir nicht alle irgendwie Angst, wenn wir Christus ganz hereinlassen, uns ihm ganz öffnen, könnte uns etwas genommen werden von unserem Leben? Müssen wir dann nicht auf so vieles verzichten, was das Leben erst so richtig schön macht? Würden wir nicht eingeengt und unfrei? ... Nein. Wer Christus einlässt, dem geht nichts, nichts – gar nichts verloren von dem, was das Leben frei, schön und groß macht. Nein, erst in dieser Freundschaft öffnen sich die Türen des Lebens. Erst in dieser Freundschaft gehen überhaupt die großen Möglichkeiten des Menschseins auf. Erst in dieser Freundschaft erfahren wir, was schön und was befreiend ist. So möchte ich heute mit großem Nachdruck und großer Überzeugung aus der Erfahrung eines eigenen langen Lebens euch, liebe junge Menschen, sagen: Habt keine Angst vor Christus! Er nimmt nichts, und er gibt

alles. Wer sich ihm gibt, der erhält alles hundert-
fach zurück. *(Predigt, 24.4.05)*

Das Kreuz

Liebe Freunde, oft macht das Kreuz uns Angst,
weil es die Verneinung des Lebens zu sein scheint.
In Wirklichkeit ist das Gegenteil der Fall! Es ist
das »Ja« Gottes zum Menschen, der höchste
Ausdruck seiner Liebe und die Quelle, aus der das
ewige Leben entspringt. Aus dem am Kreuz ge-
öffneten Herzen Jesu ist in der Tat das göttliche
Leben geflossen, das demjenigen, der bereit ist, die
Augen zum Gekreuzigten zu erheben, stets offen
steht. Ich kann euch daher nur einladen, das
Kreuz Jesu, das Zeichen der Liebe Gottes, als
Quelle neuen Lebens anzunehmen. Außer dem
gestorbenen und auferstandenen Christus gibt es
kein Heil! Nur er kann die Welt vom Bösen
befreien und das Reich der Gerechtigkeit, des
Friedens und der Liebe wachsen lassen, nach dem
wir alle streben. *(Botschaft, 6.8.10)*

Im Gespräch mit Jesus

Knüpft und pflegt einen persönlichen Dialog mit
Jesus Christus im Glauben. Lernt ihn kennen
durch das Lesen der Evangelien und des Katechismus der Katholischen Kirche; kommt im
Gebet mit ihm ins Gespräch, schenkt ihm euer
Vertrauen: Er wird es niemals enttäuschen! »Der
Glaube ist eine persönliche Bindung des Men-
schen an Gott und zugleich, untrennbar davon,
freie Zustimmung zu der ganzen von Gott offen-
barten Wahrheit« (Katechismus der Katholischen
Kirche, 150). So könnt ihr einen reifen, festen
Glauben erlangen, der nicht nur auf einem religiösen Gefühl oder auf einer vagen Erinnerung an
den Religionsunterricht eurer Kindheit gründet.
Ihr könnt Gott kennenlernen und wirklich aus
ihm leben wie der Apostel Thomas, als er mit
Nachdruck seinen Glauben an Jesus bezeugt:
»Mein Herr und mein Gott!«

(Botschaft, 6.8.10)

Partner

Gott wünscht sich einen verantwortlichen Partner,
jemanden, der mit ihm sprechen und ihn lieben
kann. Durch Christus können wir das wirklich
erreichen, und wenn wir in ihm verwurzelt bleiben,
verleihen wir unserer Freiheit Flügel. Ist das nicht
der große Grund unserer Freude? Ist das nicht ein
fester Boden, um eine Kultur der Liebe und des
Lebens zu errichten, die fähig ist, jeden Menschen
zu vermenschlichen? *(Ansprache, 18.8.11)*

Ausrichtung

Liebe junge Freunde, richtet euch nicht nach
etwas Geringerem als nach der Wahrheit und der
Liebe aus, richtet euch nur nach Christus aus.

(Ansprache, 20.8.11)

Gott ruft

Als Israel am tiefsten Punkt seiner Geschichte war,
rief Gott nicht die Großen und Angesehenen,
sondern einen Jugendlichen namens Jeremias zu
Hilfe. Jeremias fühlte sich überfordert: »Ach, mein
Gott und Herr, ich kann doch nicht reden, ich bin ja
noch so jung« (Jer 1,6). Doch Gott ließ sich nicht
beirren: »Sag nicht: Ich bin noch so jung. Wohin ich
dich auch sende, dahin sollst du gehen, und was ich
dir auftrage, das sollst du verkünden« (Jer 1,7).

(Aus dem Vorwort zu »YouCat«)

Gegen die Gleichgültigkeit

Nur so, indem wir Jesus persönlich kennenlernen,
können wir diese unsere Freundschaft auch den
anderen mitteilen. Wir können die Gleichgültigkeit überwinden. Denn auch wenn diese unbe-
siegbar erscheint – tatsächlich scheint es manchmal, als brauche die Gleichgültigkeit Gott nicht –,
so wissen doch in Wirklichkeit alle, dass in ihrem
Leben etwas fehlt. Erst nachdem sie Jesus entdeckt
haben, wird ihnen klar: »Das war es, worauf ich

gewartet habe.« Und wir können, je enger wir wirklich mit Jesus befreundet sind, desto besser auch den anderen das Herz öffnen, damit auch sie wirklich jung werden, da sie dann eine große Zukunft vor sich haben. *(Ansprache, 18.5.08)*

Die Wahrheit in Christus

Liebe Freunde, die Wahrheit ist kein auferlegter Zwang. Noch ist sie einfach eine Ansammlung von Regeln. Sie ist die Entdeckung des Einen, der uns niemals verrät; des Einen, dem wir immer vertrauen können. Wenn wir die Wahrheit suchen, gelangen wir zum Leben aus dem Glauben, denn die Wahrheit ist letztlich eine Person: Jesus Christus. Das ist der Grund, warum wahre Freiheit nicht in der Entscheidung besteht, sich »einer Sache zu entledigen«. Sie ist die Entscheidung, sich »für etwas einzusetzen«; das bedeutet nichts weniger, als aus sich selbst herauszugehen und es zuzulassen, in Christi Dasein »für die anderen« hineingenommen zu werden (vgl. Spe salvi, 28). *(Ansprache, 19.4.08)*

Freundschaft mit Jesus

Wer Christus [in sein Leben] eintreten lässt, verliert nichts, gar nichts – absolut nichts von dem, was das Leben frei, schön und groß macht. Nein, nur in dieser Freundschaft öffnen sich die Türen des Lebens weit. Nur in dieser Freundschaft erschließen sich wirklich die großen Möglichkeiten des Menschseins. Nur in dieser Freundschaft erfahren wir, was schön ist und was frei macht. Seid völlig überzeugt davon: Christus nimmt nichts weg von dem, was ihr an Schönem und Großem in euch habt, sondern zur Ehre Gottes, zum Glück der Menschen und zum Heil der Welt führt er alles zur Vollendung.

(Ansprache, 18.8.05)

♪ Ein Aufruf ♪

Allen möchte ich mit Nachdruck sagen: »Reißt euer Herz weit auf für Gott, lasst euch von Christus überraschen!« Gewährt ihm in diesen Tagen das »Recht, zu euch zu sprechen«! Öffnet die Türen eurer Freiheit für seine barmherzige Liebe! Breitet eure Freuden und eure Leiden vor Christus aus und lasst zu, dass er euren Geist mit seinem Licht erleuchtet und euer Herz mit seiner Gnade berührt! *(Ansprache, 18.8.05)*

Die Jugend, Zeit der Entscheidungen

Fragen

Der reiche Jüngling fragt Jesus: »Was muss ich tun?« Der Lebensabschnitt, in dem ihr euch befindet, ist eine Zeit der Entdeckung: der Gaben, die Gott euch geschenkt hat, und eurer Verantwortung. Ebenso ist es eine Zeit grundlegender Entscheidungen, um euren Lebensentwurf auszuarbeiten. Es ist also der Augenblick, über den wahren Sinn des Lebens nachzudenken und euch zu fragen: »Bin ich mit meinem Leben zufrieden? Fehlt etwas?« Wie der junge Mann im Evangelium lebt vielleicht auch ihr in Situationen der Instabilität, der Unruhe oder des Leids, die euch nach einem Leben streben lassen, das nicht mittelmäßig ist, und euch fragen lassen: Worin besteht ein gelungenes Leben? Was muss ich tun? Welcher könnte mein Lebensentwurf sein? Habt keine Angst, euch diesen Fragen zu stellen! Fern davon, euch zu überwältigen, sind sie vielmehr

Ausdruck der großen Wünsche, die ihr im Herzen tragt. Daher müssen sie gehört werden. Sie erwarten keine oberflächlichen Antworten, sondern solche, die eure echten Erwartungen nach Leben und Glück erfüllen können. *(Botschaft, 22.2.10)*

Ein Recht

Ihr Jugendlichen habt das Recht, von euren Vorgängergenerationen Fixpunkte zu erhalten, um eure Entscheidungen zu treffen und euer Leben aufzubauen – ebenso wie eine junge Pflanze einen festen Halt braucht, bis ihre Wurzeln wachsen, um dann zu einem starken Baum zu werden, der fähig ist, Frucht zu tragen. *(Botschaft, 6.8.10)*

Auf Gott hören

Um den Lebensentwurf zu entdecken, der euch vollkommen glücklich machen kann, hört auf Gott, der einen Plan seiner Liebe für einen jeden von euch hat. Fragt ihn mit Vertrauen: »Herr, welchen Plan hast du als Schöpfer und Vater für mein Leben? Was ist dein Wille? Ich möchte ihn erfüllen.« Seid gewiss, dass er euch antworten wird. Habt keine Angst vor seiner Antwort! »Gott ist größer als unser Herz, und er weiß alles« (1 Joh 3,20)!

(Botschaft, 22.2.10)

Begeisterung

Die Jahre, die ihr durchlebt, sind die Jahre, die eure Zukunft vorbereiten. Das »Morgen« hängt sehr davon ab, wie ihr das »Heute« der Jugend lebt. Vor euren Augen, meine lieben Jugendlichen, liegt ein Leben, von dem wir wünschen, dass es lang sein möge; es ist jedoch nur eines, ein einziges: Lasst nicht zu, dass es nutzlos vorübergeht, vergeudet es nicht. Lebt mit Begeisterung, mit Freude, aber vor allem mit Verantwortungsbewusstsein!

(Ansprache, 10.5.07)

Zukunft

Wer heute als junger Mensch lebt, steht vielen Problemen gegenüber, die durch Arbeitslosigkeit sowie mangels sicherer Ideale und konkreter Zukunftsperspektiven entstehen. Manchmal kann man den Eindruck haben, ohnmächtig zu sein angesichts der aktuellen Krisen und Verirrungen. Lasst euch trotz der Schwierigkeiten nicht entmutigen, und gebt eure Träume nicht auf! Tragt vielmehr im Herzen ein tiefes Verlangen nach Brüderlichkeit, Gerechtigkeit und Frieden. Die Zukunft liegt in den Händen dessen, der starke Gründe für das Leben und die Hoffnung zu suchen und zu finden weiß. *(Botschaft, 22.2.10)*

Ohne Angst

Die Botschaft lautet: Folgt nicht dem Weg des Stolzes, sondern dem der Demut. Schwimmt gegen den Strom: Hört nicht auf die gewinnsüchtigen und verlockenden Stimmen, die heute vielerorts Lebensmodelle propagieren, die von Arroganz und Gewalt, von Überheblichkeit und

Erfolg um jeden Preis, vom äußeren Schein und vom Besitz auf Kosten des Seins durchdrungen sind. Ihr seid die Adressaten so vieler Botschaften, die zu euch vor allem durch die Massenmedien gelangen! Seid wachsam! Seid kritisch! Folgt nicht der Welle, die diese mächtige Kampagne der Überredung hervorbringt! Habt keine Angst, liebe Freunde, die »alternativen« Wege zu bevorzugen, die uns von der wahren Liebe aufgezeigt werden: ein nüchterner und solidarischer Lebensstil; aufrichtige und reine Gefühlsbeziehungen; ein rechtschaffener Einsatz im Studium und in der Arbeit; das tiefe Interesse am Gemeinwohl. Habt keine Angst, anders zu erscheinen und für das kritisiert zu werden, was erfolglos und altmodisch erscheinen mag: eure Altersgenossen, aber auch die Erwachsenen, und besonders diejenigen, die der Gesinnung und den Werten des Evangeliums am fernsten zu stehen scheinen, haben ein tiefes Bedürfnis danach, jemanden zu sehen, der es wagt, entsprechend der von Jesus Christus offenbarten Fülle des Menschseins zu leben. *(Predigt, 2.9.07)*

Endgültige Entscheidungen

… wenn ein junger Mensch sich nicht entscheidet, läuft er Gefahr, auf ewig ein Kind zu bleiben! Ich sage euch: Habt Mut! Wagt endgültige Entscheidungen, denn in Wahrheit stehen sie der Freiheit nicht entgegen, sondern sie lenken sie vielmehr in die richtige Bahn. Sie machen es möglich, voranzugehen und etwas Großes im Leben zu erreichen.

(Ansprache, 21.3.09)

Wert

Das Leben hat zweifellos nur dann einen Wert, wenn ihr den Mut zum Abenteuer habt, wenn ihr darauf vertraut, dass der Herr euch niemals verlassen wird.   *(Ansprache, 21.3.09)*

Aufs ewige Leben ausgerichtet

Liebe Jugendliche, ich fordere euch auf, diesen Blickwinkel in eurem Lebensentwurf nicht zu vergessen: Wir sind zur Ewigkeit berufen. Gott hat uns geschaffen, damit wir bei ihm sind, für immer. Er wird euch helfen, euren Entscheidungen den vollen Sinn zu verleihen und eurem Leben Qualität zu geben. *(Botschaft, 22.2.10)*

Beziehung

Ja, liebe Freunde, Gott liebt uns. Das ist die große Wahrheit unseres Lebens, die allem anderen Sinn gibt. Wir sind nicht ein Ergebnis von Zufälligkeit oder Irrationalität, sondern am Anfang unserer Existenz gibt es einen Liebesplan Gottes. In seiner Liebe zu bleiben bedeutet dann, im Glauben verwurzelt zu leben, weil der Glaube nicht das bloße Annehmen einiger abstrakter Wahrheiten, sondern eine innige Beziehung zu Christus ist, die uns diesem Geheimnis der Liebe unser Herz öffnen lässt und als Menschen leben lässt, die sich von Gott geliebt wissen. Wenn ihr in der Liebe Christi, im Glauben verwurzelt bleibt, werdet ihr auch inmitten von Widrigkeiten und Leiden die Quelle für Freude und Heiterkeit finden. Der Glaube steht euren höchsten Idealen nicht entgegen, im Gegenteil, er steigert und vervollkommnet sie.

(Ansprache, 20.8.11)

Verwandlung

Liebe Jugendliche!

Auf unserem Pilgerweg mit den geheimnisvollen Weisen aus dem Orient sind wir jetzt an der Stelle angelangt, die uns Matthäus in seinem Evangelium so beschreibt: »Und sie gingen in das Haus (über dem der Stern stehengeblieben war) und sahen das Kind und Maria, seine Mutter; da fielen sie nieder und beteten es an« (Mt 2,11). Der äußere Weg dieser Männer war zu Ende. Sie waren an ihrem Ziel. Aber an dieser Stelle beginnt für sie ein neuer Weg, eine innere Pilgerschaft, die ihr ganzes Leben ändert. Denn sie hatten sich diesen neugeborenen König gewiss anders vorgestellt. Sie hatten ja in Jerusalem Halt gemacht und beim dortigen König nach dem verheißenen Königskind gefragt. Sie wussten, dass die Welt in Unordnung war, und deswegen war ihr Herz unruhig geblieben. Sie waren gewiss, dass es Gott gebe, einen gerechten und gütigen Gott. Und sie hatten wohl auch von den großen Prophezeiungen gehört, in denen die Propheten Israels einen König vorhersagten, der im innersten Einklang mit Gott stehen und von ihm her die Welt in Ordnung bringen würde. Diesen König waren sie suchen gegangen: Sie waren im tiefsten auf der Suche nach dem Recht, nach der Gerechtigkeit, die von Gott kommen musste, und wollten diesem König zu Diensten sein, sich ihm zu Füßen werfen und so selbst der Erneuerung der Welt dienen. Sie gehörten zu denen, die »Hunger und Durst haben nach der Gerechtigkeit« (Mt 5,6). Diesem Hunger und Durst waren sie mit ihrer Pilgerschaft gefolgt – sie waren Pilger zur Gerechtigkeit, die sie von Gott erwarteten und in deren Dienst sie selber treten wollten.

Auch wenn die anderen Menschen, die zu Hause Gebliebenen, sie für Phantasten und Träumer halten mochten – sie waren durchaus Realisten und wussten, dass zur Änderung der Welt Macht gehört. Deshalb konnten sie das Kind der Verheißung zunächst nur im Königspalast suchen. Aber nun beugen sie sich vor einem Kind armer Leute, und sehr bald erfuhren sie, dass Herodes – der König, den sie aufgesucht hatten – mit seiner

Macht ihm nachstellen würde und dass der Familie nur die Flucht und das Exil verblieben. Der neue König, den sie anbeteten, war ganz anders, als sie erwartet hatten. So mussten sie lernen, dass Gott anders ist, als wir ihn gewöhnlich uns vorstellen. Nun begann ihre innere Wanderung. Sie begann in dem Augenblick, in dem sie sich vor diesem Kind niederwarfen und es als den verheißenen König anerkannten. Aber diese freudigen Gesten mussten sie erst innerlich einholen.

Sie mussten ihren Begriff von Macht, von Gott und vom Menschen ändern und darin sich selbst ändern. Sie sahen nun: Die Macht Gottes ist anders als die Macht der Mächtigen der Welt. Die Art, wie Gott wirkt, ist anders, als wir es uns ausdenken und ihm gerne vorschreiben möchten. Gott tritt in dieser Welt nicht in Konkurrenz zu den weltlichen Formen der Macht. Er stellt nicht seine Divisionen anderen Divisionen gegenüber. Er schickt Jesus auf dem Ölberg nicht zwölf Legionen Engel zu Hilfe (vgl. Mt 26,53). Er stellt der lauten, auftrumpfenden Macht dieser Welt die wehrlose Macht der Liebe gegenüber, die am Kreuz – und dann in der Geschichte immer wieder – unterliegt und doch das Neue, das Göttliche ist, das nun dem

Unrecht entgegentritt und Gottes Reich herauf-
führt. Gott ist anders – das erkennen sie nun. Und
das bedeutet, dass sie nun selbst anders werden,
Gottes Art erlernen müssen.

Sie waren gekommen, sich in den Dienst dieses
Königs zu stellen, ihr Königtum nach dem Seinen
auszurichten. Das war der Sinn ihrer Huldigungs-
gebärde, ihrer Anbetung. Zu ihr gehörten auch die
Geschenke – Gold, Weihrauch, Myrrhe – Gaben,
die man einem für göttlich angesehenen König
spendete. Anbetung hat einen Inhalt, und zu ihr
gehört auch eine Gabe. Die Männer aus dem
Orient waren durchaus auf der richtigen Spur, als
sie mit der Gebärde der Anbetung dieses Kind als
ihren König anerkennen wollten, in dessen Dienst
sie ihre Macht und ihre Möglichkeiten zu stellen
gedachten. Sie wollten durch den Dienst für ihn
und die Gefolgschaft mit ihm der Sache der Gerechtigkeit, des Guten in der Welt dienen. Und da
hatten sie recht. Aber nun lernen sie, dass das
nicht einfach durch Befehle und von Thronen
herunter geschehen konnte. Nun lernen sie, dass
sie sich selber geben müssen – kein geringeres
Geschenk verlangt dieser König. Nun lernen sie,
dass ihr Leben von der Weise geprägt sein muss,

wie Gott Macht ausübt und wie Gott selber ist: Sie müssen Menschen der Wahrheit, des Rechts, der Güte, des Verzeihens, der Barmherzigkeit werden. Sie werden nicht mehr fragen: Was bringt das für mich? Sondern sie müssen nun fragen: Womit diene ich der Gegenwart Gottes in der Welt? Sie müssen lernen, sich zu verlieren und gerade so sich zu finden. Indem sie weggehen von Betlehem, müssen sie auf der Spur des wahren Königs bleiben, in der Nachfolge Jesu.

Liebe Freunde, fragen wir uns, was das alles für uns bedeutet. Denn was wir eben über die andere Art Gottes gesagt haben, die unsere Lebensart bestimmen soll, klingt uns schön, aber es bleibt doch blass und unbestimmt. Deswegen hat Gott uns Beispiele geschenkt. Die Weisen aus dem Morgenland sind nur die ersten einer langen Prozession von Menschen, die nach dem Stern Gottes mit ihrem Leben Ausschau gehalten, den Gott gesucht haben, der uns Menschen nahe ist und uns den Weg zeigt. Es ist die große Schar der Heiligen, der bekannten und der unbekannten, in denen der Herr das Evangelium die Geschichte hindurch aufgeblättert hat und aufblättert. In ihrem Leben kommt wie in einem großen Bilderbogen der Reichtum des Evangeliums zum Vorschein. Sie sind die Lichtspur Gottes, die er selbst durch die Geschichte gezogen hat und zieht.

Mein verehrter Vorgänger Papst Johannes Paul II. hat eine große Schar von Menschen vergangener und naher Zeiten selig- und heiliggesprochen. Er wollte uns in diesen Gestalten zeigen, wie es geht, ein Christ zu sein; wie es geht, das Leben recht zu machen – nach der Weise Gottes zu leben. Die Seligen und Heiligen waren Menschen, die nicht verzweifelt nach ihrem eigenen Glück Ausschau hielten, sondern einfach sich geben wollten, weil sie vom Licht Jesu Christi getroffen waren. Und so zeigen sie uns den Weg, wie man glücklich wird, wie man das macht, ein Mensch zu sein. Im Auf und Ab der Geschichte waren sie die wirklichen Erneuerer, die immer wieder die Geschichte aus den dunklen Tälern herausgeholt haben, in denen sie immer neu zu versinken droht, und immer wieder so viel Licht in sie brachten, dass man dem Wort Gottes, wenn vielleicht auch unter Schmerzen, zustimmen kann, der am Ende des Schöpfungswerkes gesagt hatte: Es ist gut. Denken wir nur an Gestalten wie Sankt Benedikt, wie Franz von Assisi, wie Teresa von Avila, Ignatius von Loyola, Karl Borromäus, an die Ordensgründer des 19. Jahrhunderts, die der Sozialen Bewegung ihr Herz gegeben haben, oder an Heilige unserer Zeit – Maximilian Kolbe, Edith Stein, Mutter Teresa, Pater Pio. Wenn wir diese Gestalten ansehen, dann lernen wir, was »anbeten« heißt und was es heißt, nach den Maßstäben des Kindes von Betlehem, den Maßstäben Jesu Christi und Gottes selbst zu leben.

Die Heiligen sind die wahren Reformer, hatten wir gesagt. Ich möchte es nun noch radikaler ausdrücken: Nur von den Heiligen, nur von Gott her kommt die wirkliche Revolution, die grundlegende Änderung der Welt. Wir haben im abgelaufenen Jahrhundert die Revolutionen erlebt, deren gemeinsames Programm es war, nicht mehr auf Gott zu warten, sondern die Sache der Verfassung der Welt ganz selbst in die Hände zu nehmen. Und wir haben gesehen, dass damit immer ein menschlicher, ein parteilicher Standpunkt zum absoluten Maßstab genommen wurde. Das Absolutsetzen dessen, was nicht absolut, sondern relativ ist, heißt Totalitarismus. Es macht den Menschen nicht frei, sondern entehrt ihn und versklavt ihn. Nicht die Ideologien retten die Welt, sondern allein die Hinwendung zum lebendigen Gott, der unser Schöpfer, der Garant unserer Freiheit, der Garant des wirklich Guten und Wahren ist. Die wirkliche Revolution besteht allein in der radikalen Hinwendung zu Gott, der das Maß des Gerechten und zugleich die ewige Liebe ist. Und was könnte uns denn retten, wenn nicht die Liebe?

Liebe Freunde! Lasst mich nur noch zwei kurze Gedanken anfügen. Von Gott reden viele; im Namen Gottes wird auch Hass gepredigt und Gewalt ausgeübt. Deswegen kommt es darauf an, das wahre Antlitz Gottes zu finden. Die Weisen aus dem Orient haben es gefunden, als sie sich vor dem Kind in Betlehem beugten. »Wer mich sieht, sieht den Vater«, hat Jesus zu Philippus gesagt (Joh 14,9). In Jesus Christus, der sich für uns das Herz hat durchbohren lassen, ist uns das wahre Gesicht Gottes erschienen. Ihm folgen wir mit der großen Schar derer, die uns da vorangegangen sind. Dann gehen wir recht.

Das bedeutet, dass wir uns nicht einen privaten Gott und nicht einen privaten Jesus zurechtmachen, sondern dem Jesus glauben, vor dem Jesus uns beugen, den uns die Heiligen Schriften zeigen und der sich in der großen Prozession der

Gläubigen, die wir Kirche nennen, als lebendig, als immer gleichzeitig mit uns und zugleich immer uns voraus zeigt. An der Kirche kann man sehr viel Kritik üben. Wir wissen es, und der Herr hat es uns gesagt: Sie ist ein Netz mit guten und schlechten Fischen, ein Acker mit Weizen und Unkraut. Papst Johannes Paul II., der uns in den vielen Seligen und Heiligen das wahre Gesicht der Kirche gezeigt hat, hat auch um Verzeihung gebeten für das, was durch das Handeln und Reden von Menschen der Kirche an Bösem in der Geschichte geschehen ist. So hält er auch uns selber den Spiegel vor und ruft uns auf, mit all unseren Fehlern und Schwächen in die Prozession der Heiligen einzutreten, die mit den Weisen aus dem Orient begonnen hat. Im Grund ist es doch tröstlich, dass es Unkraut in der Kirche gibt: In all unseren Fehlern dürfen wir hoffen, doch noch in der Nachfolge Jesu zu sein, der gerade die Sünder berufen hat. Die Kirche ist wie eine menschliche Familie, und sie ist doch zugleich die große Familie Gottes, durch die er einen Raum der Gemeinschaft und der Einheit quer durch die Kontinente, durch die Kulturen und Nationen legt. Deswegen freuen wir uns, dass wir zu dieser großen Familie gehören; dass wir Geschwister und Freunde haben in aller Welt. Wir erleben es hier in Köln, wie schön es ist, einer weltweiten Familie anzugehören, die Himmel und Erde, Vergangenheit, Gegenwart und Zukunft und alle Teile der Erde umspannt. In dieser großen Weggemeinschaft gehen wir mit Christus, gehen wir mit dem Stern, der die Geschichte erleuchtet.

»Sie gingen in das Haus und sahen das Kind und Maria, seine Mutter; da fielen sie nieder und beteten es an« (Mt 2,11). Liebe Freunde – das ist nicht eine weit entfernte, lang vergangene Geschichte. Das ist Gegenwart. Hier in der heiligen Hostie ist ER vor uns und unter uns. Wie damals verhüllt er sich geheimnisvoll in heiligem Schweigen, und wie damals offenbart er gerade so Gottes wahres Gesicht. Er ist für uns Weizenkorn geworden, das in die Erde fällt und stirbt und Frucht bringt bis zum Ende der Zeiten (vgl. Joh 12,24). Er ist da wie damals in Betlehem. Er lädt uns ein zu der inneren Wanderschaft, die Anbetung heißt. Machen wir uns jetzt auf diesen inneren Weg, und bitten wir ihn, dass er uns führe. Amen.

(Predigt bei der Vigil auf dem Marienfeld beim Weltjugendtag in Köln, 20.8.05)

40

Liebe Jugendliche!

Vor der heiligen Hostie, in der Jesus sich für uns
zum Brot gemacht hat, das unser Leben von innen
her trägt und nährt, haben wir gestern Abend den
inneren Weg der Anbetung begonnen. In der
Eucharistie soll Anbetung Vereinigung werden.
Mit der Eucharistiefeier stehen wir in der »Stunde«
Jesu, von der das Johannes-Evangelium spricht.
Durch die Eucharistie wird diese seine »Stunde«
unsere Stunde, Gegenwart unter uns. Mit den
Jüngern feierte er das Paschamahl Israels, das
Gedächtnis der befreienden Tat Gottes, die Israel
aus der Knechtschaft ins Freie führte. Jesus folgt
den Riten Israels. Er spricht das Preis- und Se-
gensgebet über das Brot. Aber nun geschieht
Neues. Er dankt Gott nicht nur für die großen
Taten der Vergangenheit, er dankt ihm für seine
Erhöhung, die im Kreuz und in der Auferstehung
geschieht. Dabei spricht er auch zu den Jüngern
mit Worten, die die Summe von Gesetz und
Propheten in sich tragen: »Dies ist mein Leib, der
für euch hingegeben wird. Dieser Kelch ist der
neue Bund in meinem Blut.« Und so teilt er Brot
und Kelch aus und trägt ihnen zugleich auf, das,

was er jetzt sagt und tut, immer neu zu sagen und zu tun zu seinem Gedächtnis.

Was geschieht da? Wie kann Jesus seinen Leib austeilen und sein Blut? Indem er Brot zu seinem Leib und Wein zu seinem Blut macht und austeilt, nimmt er seinen Tod vorweg, nimmt er ihn von innen her an und verwandelt ihn in eine Tat der Liebe. Was von außen her brutale Gewalt ist – die Kreuzigung –, wird von innen her ein Akt der Liebe, die sich selber schenkt, ganz und gar. Dies ist die eigentliche Wandlung, die im Abendmahlssaal geschah und die dazu bestimmt war, einen Prozess der Verwandlungen in Gang zu bringen, dessen letztes Ziel die Verwandlung der Welt dahin ist, dass Gott alles in allem sei (vgl. 1 Kor 15,28). Alle Menschen warten immer schon irgendwie in ihrem Herzen auf eine Veränderung und Verwandlung der Welt. Dies nun ist der zentrale Verwandlungsakt, der allein wirklich die Welt erneuern kann: Gewalt wird in Liebe umgewandelt und so Tod in Leben. Weil er den Tod in Liebe umformt, darum ist der Tod als solcher schon von innen her überwunden und Auferstehung schon in ihm da. Der Tod ist gleichsam von innen verwundet und kann nicht mehr das

letzte Wort sein. Das ist sozusagen die Kern-
spaltung im Innersten des Seins – der Sieg der
Liebe über den Hass, der Sieg der Liebe über den
Tod. Nur von dieser innersten Explosion des
Guten her, die das Böse überwindet, kann dann
die Kette der Verwandlungen ausgehen, die
allmählich die Welt umformt. Alle anderen
Veränderungen bleiben oberflächlich und retten
nicht. Darum sprechen wir von Erlösung: Das
zuinnerst Notwendige ist geschehen, und wir
können in diesen Vorgang hineintreten. Jesus
kann seinen Leib austeilen, weil er wirklich sich
selber gibt.

Diese erste grundlegende Verwandlung von
Gewalt in Liebe, von Tod in Leben zieht dann die
weiteren Verwandlungen nach sich. Brot und
Wein werden sein Leib und sein Blut. Aber an
dieser Stelle darf die Verwandlung nicht Halt
machen, hier muss sie erst vollends beginnen.
Leib und Blut Jesu Christi werden uns gegeben,
damit wir verwandelt werden. Wir selber sollen
Leib Christi werden, blutsverwandt mit ihm.
Wir essen alle das eine Brot. Das aber heißt:
Wir werden untereinander eins gemacht. An-
betung wird, so sagten wir, Vereinigung. Gott ist

nicht mehr bloß uns gegenüber der ganz Andere. Er ist in uns selbst und wir in ihm. Seine Dynamik durchdringt uns und will von uns auf die anderen und auf die Welt im Ganzen übergreifen, dass seine Liebe wirklich das beherrschende Maß der Welt werde. Ich finde diesen neuen Schritt, den das Abendmahl uns geschenkt hat, sehr schön angedeutet im Unterschied zwischen dem griechischen und dem lateinischen Wort für Anbetung. Das griechische Wort heißt »proskynesis«. Es bedeutet den Gestus der Unterwerfung, die Anerkennung Gottes als unseren wahren Maßstab, dessen Weisung wir folgen. Es bedeutet, dass Freiheit nicht bedeutet, sich auszuleben und für autonom zu halten, sondern sich nach dem Maß der Wahrheit und des Guten zu richten und so selbst wahr und gut zu werden. Dieser Gestus ist notwendig, auch wenn unser Freiheitsstreben ihm zunächst entgegensteht. Aber uns zueignen können wir ihn erst ganz in der zweiten Stufe, die sich im Abendmahl eröffnet. Das lateinische Wort für Anbetung heißt »ad-oratio« – Berührung von Mund zu Mund, Kuss, Umarmung und so im Tiefsten Liebe. Aus Unterwerfung wird Einung, weil der, dem wir uns unterwerfen, die Liebe ist.

So wird Unterwerfung sinnvoll, weil sie uns nicht Fremdes auferlegt, sondern uns freimacht zum Innersten unserer selbst.

Kehren wir noch einmal zum Letzten Abendmahl zurück. Das Neue, das da geschah, lag in der neuen Tiefe des alten Segensgebetes Israels, das nun zum Wort der Verwandlung wird und uns die Teilhabe an der »Stunde« Christi schenkt. Nicht das Paschamahl zu wiederholen, hat Jesus uns aufgetragen; es ist ja auch ein Jahresfest, das man nicht beliebig wiederholen kann. Er hat uns aufgetragen, in »seine Stunde« einzutreten. In sie treten wir ein durch das Wort der heiligen Macht der Verwandlung, die durch das Preisgebet geschieht, das uns in die Kontinuität mit Israel und der ganzen Heilsgeschichte Gottes stellt und uns zugleich das Neue schenkt, auf das dieses Gebet von innen her wartete. Dieses Gebet – die Kirche nennt es Hochgebet – konstituiert Eucharistie. Es ist Wort der Macht, das die Gaben der Erde auf ganz neue Weise in die Selbstgabe Gottes verwandelt und uns in diesen Prozess der Verwandlung hineinzieht. Deswegen nennen wir dieses Geschehen Eucharistie, was die Übersetzung des hebräischen Wortes »beracha« ist – Dank,

Preisung, Segen und so vom Herrn her Verwandlung: Gegenwart seiner »Stunde«. Die »Stunde« Jesu ist die Stunde, in der die Liebe siegt. Das heißt: Gott hat gesiegt, denn er ist die Liebe. Die »Stunde« Jesu will unsere Stunde werden und wird es, wenn wir uns durch die Feier der heiligen Eucharistie in den Prozess der Verwandlungen hineinziehen lassen, um die es dem Herrn geht. Eucharistie muss Mitte unseres Lebens werden. Es ist nicht Positivismus oder Machtwille, wenn die Kirche uns sagt, dass zum Sonntag die Eucharistie gehört. Am Ostermorgen haben zuerst die Frauen, dann die Jünger den Auferstandenen sehen dürfen. So wussten sie von da an, dass nun der erste Wochentag, der Sonntag, sein Tag ist, der Tag Christi. Der Tag des Schöpfungsbeginns wird zum Tag der Erneuerung der Schöpfung. Schöpfung und Erlösung gehören zusammen. Deswegen ist der Sonntag so wichtig. Es ist schön, dass in vielen Kulturen heute der Sonntag ein freier Tag ist oder gar mit dem Samstag ein sogenanntes freies Wochenende bildet. Aber diese freie Zeit bleibt leer, wenn Gott nicht darin vorkommt. Liebe Freunde! Manchmal ist es vielleicht im ersten Augenblick unbequem, am Sonntag auch die heilige Messe einzuplanen. Aber ihr werdet sehen, dass gerade das der Freizeit erst die rechte Mitte gibt. Lasst euch nicht abbringen von der sonntäglichen Eucharistie, und helft auch den anderen, dass sie sie entdecken. Damit von ihr die Freude kommt, die wir brauchen, müssen wir sie natürlich auch immer mehr von innen verstehen und lieben lernen. Mühen wir uns darum – es lohnt sich. Entdecken wir den inneren Reichtum des Gottesdienstes der Kirche und seine wahre Größe: dass da nicht wir selber uns allein ein Fest machen, sondern dass der lebendige Gott selbst uns ein Fest gibt. Mit der Liebe zur Eucharistie werdet ihr auch das Sakrament der Versöhnung neu entdecken, in der Gottes verzeihende Güte immer wieder einen Neubeginn in unserem Leben möglich macht.

Wer Christus entdeckt hat, muss andere zu ihm führen. Eine große Freude kann man nicht für sich selbst behalten. Man muss sie weitergeben. Heute gibt es in großen Teilen der Welt eine merkwürdige Gottvergessenheit. Es scheint auch ohne ihn zu gehen. Aber zugleich gibt es auch ein Gefühl der Frustration, der Unzufriedenheit an allem und mit allem: Das kann doch nicht das Leben sein!

In der Tat nicht. Und so gibt es zugleich mit der Gottvergessenheit auch so etwas wie einen Boom des Religiösen. Ich will nicht alles schlecht machen, was da vorkommt. Es kann auch ehrliche Freude des Gefundenhabens dabei sein. Aber – um die Wahrheit zu sagen – weithin wird doch Religion geradezu zum Marktprodukt. Man sucht sich heraus, was einem gefällt, und manche wissen, Gewinn daraus zu ziehen. Aber die selbstgesuchte Religion hilft uns im Letzten nicht weiter. Sie ist bequem, aber in der Stunde der Krise lässt sie uns allein. Helft den Menschen, den wirklichen Stern zu entdecken, der uns den Weg zeigt: Jesus Christus. Versuchen wir selber, ihn immer besser kennenzulernen, damit wir überzeugend auch andere zu ihm führen können. Deswegen ist die Liebe zur Heiligen Schrift so wichtig, und deswegen ist es wichtig, den Glauben der Kirche zu kennen, in dem uns die Schrift aufgeschlüsselt wird: Es ist der Heilige Geist, der die Kirche in ihrem wachsenden Glauben immer weiter in die Tiefe der Wahrheit eingeführt hat und einführt (vgl. Joh 16,13). Papst Johannes Paul II. hat uns ein wunderbares Werk geschenkt, in dem der Glaube der Jahrhunderte zusammenfassend dargelegt ist: den Katechismus der Katholischen Kirche. Ich selber konnte vor kurzem das Kompendium dieses Katechismus der Öffentlichkeit vorstellen, das auch auf Wunsch des heimgegangenen Papstes erstellt wurde. Es sind zwei Grundbücher, die ich euch allen ans Herz legen möchte.

Natürlich reichen Bücher allein nicht aus. Bildet Gemeinschaften aus dem Glauben heraus. In den letzten Jahrzehnten sind Bewegungen und Gemeinschaften entstanden, in denen die Kraft des Evangeliums sich lebendig zu Worte meldet. Sucht Gemeinschaft im Glauben, Weggefährten, die gemeinsam die große Pilgerstraße weitergehen, die uns die Weisen aus dem Orient zuerst gezeigt haben. Das Spontane der neuen Gemeinschaften ist wichtig; aber wichtig ist auch, dabei die Gemeinschaft mit dem Papst und den Bischöfen zu halten, die uns garantieren, dass wir nicht Privatwege suchen, sondern wirklich in der großen Familie Gottes leben, die der Herr mit den zwölf Aposteln begründet hat.

Noch einmal muss ich zur Eucharistie zurückkommen. »Weil wir ein Brot sind, sind wir viele auch ein Leib«, sagt der heilige Paulus (1 Kor

10,17). Er will damit sagen: Weil wir den gleichen Herrn empfangen und er uns aufnimmt, in sich hineinzieht, sind wir auch untereinander eins. Aber das muss sich im Leben zeigen. Es muss sich zeigen in der Fähigkeit des Vergebens. Es muss sich zeigen in der Sensibilität für die Nöte des anderen. Es muss sich zeigen in der Bereitschaft zu teilen. Es muss sich zeigen im Einsatz für den Nächsten, den nahen wie den äußerlich fernen, der uns angeht.

Heute gibt es Formen des Volontariats, Gestalten des gegenseitigen Dienens, die gerade unsere Gesellschaft dringend braucht. Wir dürfen zum Beispiel die alten Menschen nicht ihrer Einsamkeit überlassen, an den Leidenden nicht vorbeigehen. Wenn wir von Christus her denken und leben, dann gehen uns die Augen auf, und dann leben wir nicht mehr für uns selber dahin, sondern dann sehen wir, wo und wie wir gebraucht werden.

Wenn wir so leben und handeln, merken wir alsbald, dass es viel schöner ist, gebraucht zu werden und für die anderen da zu sein, als nur nach den Bequemlichkeiten zu fragen, die uns angeboten werden. Ich weiß, dass ihr als junge Menschen das Große wollt, dass ihr euch einsetzen wollt für eine bessere Welt. Zeigt es den Menschen, zeigt es der Welt, die gerade auf dieses Zeugnis der Jünger Jesu Christi wartet und zuallererst durch das Zeichen eurer Liebe den Stern entdecken kann, dem wir folgen.

Gehen wir vorwärts mit Christus und leben wir unser Leben als wirkliche Anbeter Gottes.

(Predigt beim Weltjugendtag in Köln, 21.8.05)

Den Lebensplan entdecken

Nach Größerem streben

In jeder Epoche, auch in unseren Tagen, wünschen zahlreiche Jugendliche zutiefst, dass die zwischenmenschlichen Beziehungen in Wahrheit und Solidarität gelebt werden. Viele sind bestrebt, echte Freundschaftsbeziehungen aufzubauen, die wahre Liebe kennenzulernen, eine Familie zu gründen, die zusammenhält, persönliche Stabilität und wirkliche Sicherheit zu erlangen, die eine ruhige und glückliche Zukunft gewährleisten können. Sicher – aus meiner eigenen Jugendzeit weiß ich, dass Stabilität und Sicherheit nicht die Fragen sind, die einen jungen Menschen am meisten umtreiben. Ja, die Frage eines Arbeitsplatzes und damit eines sicheren Bodens unter den Füßen ist ein großes und drängendes Problem, aber zugleich ist doch die Jugend die Zeit, in der man nach dem größeren Leben Ausschau hält.

(Botschaft, 6.8.10)

Einfach lieben

Heiligkeit besteht darin, Christus zu folgen, seine Haltung, seine Gedanken, seine Taten in unser Leben zu übersetzen. Aber wie können wir das schaffen? Einfach indem wir Gott und die Menschen lieben, denn Heiligkeit ist nichts anderes als die Liebe zu Gott und den Menschen. Diese Liebe erhält uns lebendig …

(Generalaudienz, 13.4.11)

Das Unendliche suchen

Es gehört zum Jungsein, dass man sich mehr wünscht als den geregelten Alltag eines gesicherten Berufs und dass man von der Sehnsucht nach dem wirklich Großen umgetrieben wird. Ist dies nur ein leerer Traum, der mit dem Erwachsenwerden zerrinnt? Nein, der Mensch ist wirklich zum Großen, für das Unendliche geschaffen. Alles andere ist zu wenig. *(Botschaft, 6.8.10)*

Zeit der Hoffnung

Die Jugendzeit ist in besonderer Weise eine Zeit der Hoffnung, weil sie mit vielen Erwartungen in die Zukunft blickt. Wenn man jung ist, hat man Ideale und Träume, schmiedet Pläne; die Jugend ist die Zeit, in der Entscheidungen reifen, die unser ganzes Leben prägen. *(Botschaft, 22.2.09)*

Hoffnungskrise

Von der Hoffnungskrise sind vor allem die neuen Generationen betroffen, die in einem soziokulturellen Kontext ohne Gewissheiten, Werte und feste Bezugspunkte Schwierigkeiten bewältigen müssen, die ihre Kräfte übersteigen. Ich denke, meine lieben jungen Freunde, an eure vielen Altersgenossen, die vom Leben verletzt wurden und von einer persönlichen Unreife geprägt sind, die oft die Folge einer familiären Leere ist, einer allzu lockeren Erziehung ohne feste Regeln und negativer oder traumatischer Erfahrungen. Für einige, und das sind leider nicht wenige, führt das fast zwangsläufig zu einer der Realität entfremdenden Flucht in gefährliche und gewalttätige Verhaltensweisen, in die Abhängigkeit von Drogen und Alkohol und viele andere Formen dieser unter den Jugendlichen weit verbreiteten Unzufriedenheit. Und doch erlöscht auch in jenen, die dem Rat »schlechter Lehrer« gefolgt sind und sich deshalb in einer schwierigen Lage befinden, das Verlangen nach wahrer Liebe und wirklichem Glück nicht.   *(Botschaft, 22.2.09)*

Suche

Ich weiß …, dass ihr in eurem jungen Alter durch die Verlockung eines leicht verdienten Geldes, die Versuchung der Flucht in künstliche Paradiese und die Anziehungskraft verkehrter Formen materieller Befriedigung bedroht werdet. Geht nicht den Nachstellungen des Bösen ins Netz! Sucht vielmehr ein Leben, das reich ist an Werten, um eine gerechtere und zukunftsoffenere Gesellschaft ins Leben zu rufen! Lasst jene Begabungen Frucht bringen, die Gott euch in der Jugendzeit zuteil werden lässt: Stärke, Intelligenz, Mut, Enthusiasmus und Lebensfreude.   *(Ansprache, 14.6.08)*

Gott selbst

Es ist gut, immer zu suchen. Vor allem sucht die Wahrheit, die nicht eine Idee, eine Ideologie oder ein Slogan ist, sondern eine Person, Christus, Gott selber, der zu den Menschen gekommen ist! Zu Recht wollt ihr euren Glauben in ihm verwurzeln, euer Leben auf Christus gründen. Er liebt euch seit jeher und kennt euch besser als jeder andere …

(Ansprache, 18.8.11)

Wissen

Ihr müsst wissen, was ihr glaubt. Ihr müsst euren Glauben so präzise kennen wie ein IT-Spezialist das Betriebssystem eines Computers. Ihr müsst ihn verstehen wie ein guter Musiker sein Stück …

(Aus dem Vorwort zu »YouCat«)

Einfacher Schlüssel

(Ich bitte) euch, euch nicht mit dem Zweitbesten zufrieden zu geben. Ich bitte euch nicht, ein begrenztes Ziel zu verfolgen und alle anderen zu ignorieren. Geld zu haben, bietet die Möglichkeit, großzügig zu sein und Gutes in der Welt zu tun, aber Geld allein kann uns noch nicht glücklich machen. In irgendeiner Tätigkeit oder irgendeinem Beruf sehr geschickt zu sein, ist gut, aber es wird uns nicht wirklich zufriedenstellen, wenn wir nicht nach etwas noch Größerem streben. Das alles mag uns berühmt machen, aber es wird uns nicht glücklich machen. Glück ist etwas, das wir uns alle wünschen. Es ist aber eine der großen Tragödien in dieser Welt, dass viele Menschen dieses Glück nie finden, weil sie an den falschen Orten danach suchen. Der Schlüssel dazu ist hingegen sehr einfach – wahres Glück ist in Gott zu finden. Wir müssen den Mut haben, unsere tiefste Hoffnung allein auf Gott zu setzen, nicht auf Geld, Karriere, weltlichen Erfolg oder auf unsere Beziehungen zu anderen, sondern auf Gott. Er allein kann die tiefsten Bedürfnisse unseres Herzens stillen. *(Ansprache, 17.9.10)*

Verantwortung

Die Jahre, die ihr durchlebt, sind die Jahre, die eure Zukunft vorbereiten. Das »Morgen« hängt sehr davon ab, wie ihr das »Heute« der Jugend lebt. Vor euren Augen, meine lieben Jugendlichen, liegt ein Leben, von dem wir wünschen, dass es lang sein möge; es ist jedoch nur eines, ein einziges: Lasst nicht zu, dass es nutzlos vorübergeht, vergeudet es nicht. Lebt mit Begeisterung, mit Freude, aber vor allem mit Verantwortungsbewusstsein.

(Ansprache, 10.5.07)

Hüter

Den Jugendlichen zu begegnen, tut allen gut! Sie haben manchmal viele Schwierigkeiten, aber sie bringen viel Hoffnung mit sich, viel Begeisterung, viel Willen zu einem Neubeginn. Liebe junge Freunde, ihr tragt die Dynamik der Zukunft in euch.

(Ansprache, 21.3.09)

Die Kraft des Schöpfergeistes

Liebe junge Freunde,

welch eine Freude ist es für mich, euch hier in Barangaroo am Ufer des wunderschönen Hafens von Sydney mit seiner berühmten Brücke und dem Opernhaus zu begrüßen. Viele von euch sind hier zu Hause, stammen aus dem Hinterland oder aus den dynamischen multikulturellen Gemeinschaften der australischen Städte. Andere unter euch sind von den zerstreuten Inseln Ozeaniens gekommen und wieder andere aus Asien, aus dem Mittleren Osten, aus Afrika sowie aus Nord- und Südamerika. Einige von euch sind sogar von so weit her gekommen wie ich, aus Europa! Woher auch immer wir stammen, schließlich sind wir nun hier in Sydney. Und gemeinsam stehen wir in unserer Welt als Gottes Familie, als Jünger Christi, gestärkt durch seinen Geist, um vor allen Zeugen seiner Liebe und Wahrheit zu sein. …

Vor mir sehe ich ein lebendiges Bild der Welt-
kirche. Die Vielfalt der Nationen und Kulturen, aus
denen ihr kommt, zeigt, dass die Gute Nachricht
Christi wirklich für alle und jeden bestimmt ist; sie
hat die Enden der Erde erreicht. Doch ich weiß auch,
dass etliche unter euch noch auf der Suche nach
einer geistlichen Heimat sind. Einige, uns ebenfalls
sehr willkommene Teilnehmer sind weder Katholi-
ken noch Christen. Andere bewegen sich vielleicht
am Rande des Lebens der Pfarrei und der Kirche.
Euch möchte ich Ermutigung bringen: Geht voran,
in die liebevolle Umarmung Christi hinein; erkennt
die Kirche als eure Heimat. Niemand muss draußen
bleiben, denn seit Pfingsten ist sie die eine,
universale Kirche.

Heute Abend möchte ich auch diejenigen
einschließen, die nicht unter uns zugegen sind. Ich
denke vor allem an die Kranken oder geistig Be-
hinderten, an die Jugendlichen im Gefängnis, an
diejenigen, die sich am Rande unserer Gesellschaften abmühen, und an jene, die sich, aus was
für Gründen auch immer, der Kirche entfremdet
fühlen. Zu ihnen sage ich: Jesus ist Dir nahe! Spüre
seine heilende Umarmung, sein Mitleid und seine
Barmherzigkeit!

Vor fast zweitausend Jahren wurden die Apostel, die zusammen mit Maria (vgl. Apg 1,14) und einigen gläubigen Frauen im Obergemach versammelt waren, vom Heiligen Geist erfüllt (vgl. Apg 2,4). In diesem außerordentlichen Moment, aus dem die Kirche hervorging, wurden Verwirrung und Furcht, von denen die Jünger Christi ergriffen waren, in kraftvolle Überzeugung und Zielstrebigkeit verwandelt. Sie fühlten sich gedrängt, über ihre Begegnung mit dem auferstandenen Jesus zu sprechen, den sie jetzt liebevoll den Herrn nannten. In vieler Hinsicht waren die Apostel ganz gewöhnliche Menschen. Niemand von ihnen konnte behaupten, der vollkommene Jünger zu sein. Sie waren nicht fähig gewesen, Christus zu erkennen (vgl. Lk 24,13–32), sie schämten sich wegen ihres Ehrgeizes (vgl. Lk 22,24–27), und sie hatten ihn sogar verleugnet (vgl. Lk 22,54–62). Als aber der Heilige Geist sie erfüllt hatte, waren sie betroffen von der Wahrheit des Evangeliums Christi und fühlten sich inspiriert, diese furchtlos zu verkünden. Freimütig riefen sie: Kehrt um, lasst euch taufen, empfangt den Heiligen Geist (vgl. Apg 2,37–38)! Gegründet auf die Lehre der Apostel, auf ihre Glaubensgemeinschaft, auf das Brechen des Brotes und auf das Gebet (vgl. Apg 2,42), trat die junge christliche Gemeinde hervor, um sich der Verdorbenheit in der sie umgebenden Kultur entgegenzusetzen (vgl. Apg 2,40), füreinander zu sorgen (vgl. Apg 2,44–47), ihren Glauben an Jesus gegen Feindseligkeiten zu verteidigen (vgl. Apg 4,33) und die Kranken zu heilen (vgl. Apg 5,12–16). Und im Gehorsam gegenüber dem Befehl Christi selbst brachen sie auf und gaben Zeugnis für die bedeutendste Geschichte aller Zeiten: dass Gott einer von uns geworden ist, dass das Göttliche in die menschliche Geschichte eingetreten ist, um sie zu verwandeln, und dass wir gerufen sind, uns in die rettende Liebe Christi zu versenken, die über das Böse und über den Tod triumphiert. Der heilige Paulus leitete diese Botschaft in seiner berühmten Rede auf dem Areopag so ein: Gott schenkt allen alles – einschließlich des Lebens und des Atems –, so dass alle Nationen Gott suchen und, indem sie den eigenen Weg zu ihm ertasten, ihn auch finden können. Tatsächlich ist er keinem von uns fern, denn in ihm leben wir, bewegen wir uns und sind wir (vgl. Apg 17,25–28).

Und immer sind seitdem Männer und Frauen aufgebrochen, um dieselbe Geschichte zu erzählen, Christi Liebe und Wahrheit zu bezeugen und ihren Beitrag zur Mission der Kirche zu leisten. Heute denken wir an jene Pioniere – Priester und Ordensleute –, die aus Irland, Frankreich, Großbritannien und anderen Teilen Europas an diese Küsten und in andere Regionen des Pazifiks kamen. Die meisten von ihnen waren jung – einige noch nicht einmal zwanzig Jahre alt –, und als sie sich von ihren Eltern, Geschwistern und Freunden verabschiedeten, wussten sie, dass sie wohl kaum jemals nach Hause zurückkehren würden. Ihr ganzes Leben war ein selbstloses christliches Zeugnis. Sie wurden die demütigen, aber hartnäckigen Gründer eines großen Teils des sozialen und geistigen Erbes, das diesen Nationen bis heute Güte, Mitgefühl und Sinn vermittelt. Und sie inspirierten schließlich eine weitere Generation. Wir denken spontan an den Glauben, der die selige Mary MacKillop in ihrer klaren Entschlossenheit unterstützte, besonders die Armen zu unterrichten, und an den seligen Peter To Rot mit seiner unbeirrbaren Überzeugung, dass die Leitung einer Gemeinschaft sich immer am Evangelium orien-

tieren muss. Denkt auch an eure eigenen Großeltern und Eltern, eure ersten Lehrer im Glauben.
Auch sie haben aus Liebe zu euch unzählige Opfer
an Zeit und Energie auf sich genommen. Unterstützt durch eure Pfarrer und Lehrer, haben sie die
nicht immer leichte, aber höchst befriedigende
Aufgabe, euch durch ihr persönliches Zeugnis –
wie sie unseren christlichen Glauben lehren und
leben – zu allem Guten und Wahren hinzuführen.

Heute bin ich an der Reihe. Einigen von uns
mag es scheinen, als seien wir ans Ende der Welt
gekommen! Für Menschen in eurem Alter ist
allerdings jeder Flug eine spannende Unterneh-
mung. Mir aber stand dieser Flug bevor wie etwas,
das einem den Mut nehmen kann! Und doch
waren die Ausblicke auf unseren Planeten, die sich
mir von der Höhe aus boten, wirklich wundervoll.
Das Gefunkel des Mittelmeeres, die Erhabenheit
der nordafrikanischen Wüste, das üppige Grün der
Wälder Asiens, die Weite des Pazifischen Ozeans,
der Horizont, über dem die Sonne auf- und unter-
ging, und der majestätische Glanz von Australiens
natürlicher Schönheit, die ich in den vergangenen
Tagen genießen konnte – all das weckte eine tiefe
Ehrfurcht. Es ist, als bekomme man einen Einblick

in die Schöpfungsgeschichte der Genesis – Licht und Finsternis, Sonne und Mond, Wasser, Luft und Lebewesen: all das ist »gut« in Gottes Augen (vgl. Gen 1,1–2,4). Wer würde, wenn er in solche Schönheit vertieft ist, nicht die Worte des Psalmisten zum Lob des Schöpfers wiederholen: »Wie gewaltig ist dein Name auf der ganzen Erde!« (Ps 8,2)?

Und da gibt es noch mehr, vom Himmel aus kaum wahrnehmbar: Männer und Frauen, nach nichts Geringerem als Gottes eigenem Ebenbild geschaffen (vgl. Gen 1,26). Im Herzen des Wunders der Schöpfung sind wir, ihr und ich, die Menschheitsfamilie »mit Herrlichkeit und Ehre gekrönt« (Ps 8,6). Wie erstaunlich! Mit dem Psalmisten flüstern wir: »Was ist der Mensch, dass du an ihn denkst« (Ps 8,5). Und gleichsam hineingezogen ins Schweigen, in eine Haltung des Dankens, in die Macht der Heiligkeit, werden wir nachdenklich.

Was entdecken wir? Vielleicht kommen wir etwas widerstrebend zu dem Eingeständnis, dass es auch Verletzungen gibt, welche die Oberfläche unserer Erde zeichnen: Erosion, Entwaldung, die Verschwendung der weltweiten Mineral- und

Meeresressourcen, um einen unersättlichen Konsumismus zu befriedigen. Einige von euch kommen aus Insel-Staaten, deren Existenz durch die ansteigenden Meeresspiegel bedroht ist; andere aus Nationen, die unter den Folgen verheerender Trockenheit leiden. Die wunderbare Schöpfung Gottes wird bisweilen von ihren Verwaltern als beinahe feindlich, sogar als etwas Gefährliches erfahren. Wie kann etwas, das »gut« ist, so bedrohlich erscheinen?

Aber mehr noch. Wie steht es um den Menschen, den Gipfel von Gottes Schöpfung? Jeden Tag begegnen wir dem Genius menschlicher Errungenschaften. Von den Fortschritten in den medizinischen Wissenschaften und der klugen Anwendung der Technologie bis zur Kreativität, die sich in den Künsten niederschlägt, sind Lebensqualität und Lebensfreude der Menschen auf vielerlei Weise in ständigem Anstieg begriffen. Bei euch selbst gibt es eine schnelle Bereitschaft, die euch angebotenen reichlichen Möglichkeiten aufzugreifen. Einige von euch tun sich hervor in ihren Studien, in Sport, Musik oder Tanz und Theater, andere unter euch haben ein ausgeprägtes Empfinden für soziale Gerechtigkeit und Ethik, und viele von euch engagieren sich in Dienstleistungen und Volontariat. Wir alle, jung und alt, kennen solche Momente, in denen die angeborene Güte des Menschen – die wir vielleicht in der Geste eines kleinen Kindes oder in der Bereitschaft eines Erwachsenen zum Verzeihen erblicken – uns mit tiefer Freude und Dankbarkeit erfüllt.

Doch solche Augenblicke sind nicht von langer Dauer. Das stimmt uns wiederum nachdenklich. Und wir entdecken, dass nicht nur das natürliche, sondern auch das soziale Umfeld – der Lebensraum, den wir selbst uns gestalten – seine Verletzungen hat; Wunden, die anzeigen, dass etwas nicht in Ordnung ist. Auch hier, in unserem persönlichen Leben und in unseren Gemeinschaften können wir einer Feindseligkeit, etwas Gefährlichem begegnen; einem Gift, das droht, das, was gut ist, zu zerstören, das, was wir sind, zu verformen und den Zweck, zu dem wir erschaffen worden sind, zu verdrehen. Beispiele dafür sind reichlich vorhanden, wie ihr selber wisst. Zu den vorherrschenden gehören Alkohol- und Drogenmissbrauch, die Verherrlichung der Gewalt und der sexuelle Verfall, die in Fernsehen und Internet oft als Unterhaltung präsentiert werden. Ich frage mich: Könnte jemand Aug' in Auge mit Menschen, die tatsächlich unter Gewalt und sexueller Ausbeutung leiden, »erklären«, dass diese Tragödien, wenn sie in virtueller Form wiedergegeben werden, lediglich als »Unterhaltung« zu betrachten sind?

So manches Unheil kommt auch daher, dass Freiheit und Toleranz so oft von der Wahrheit getrennt werden. Das wird durch die heute weithin vertretene Vorstellung gefördert, dass es keine absoluten Wahrheiten gibt, die unser Leben lenken können. Der Relativismus hat, indem er unterschiedslos praktisch allem einen Wert zugesteht, die »Erfahrung« zum alleinigen Kriterium erhoben. Wenn aber Erfahrungen von jeder Überlegung, was gut und wahr sei, losgelöst werden, können sie, anstatt zu echter Freiheit zu verhelfen, zu moralischer und intellektueller Verwirrung, zu einer Schwächung der Prinzipien, zum Verlust der Selbstachtung und sogar in die Verzweiflung führen.

Liebe Freunde, das Leben wird nicht vom Zufall regiert; es ist nicht der Willkür unterworfen. Euer persönliches Sein ist von Gott gewollt; er hat es gesegnet und ihm einen Sinn gegeben (vgl. Gen

1,28)! Das Leben ist nicht bloß eine Abfolge von Ereignissen oder Erfahrungen, so hilfreich viele von ihnen auch sind. Es ist ein Suchen nach der Wahrheit, dem Guten und dem Schönen. Zu diesem Zweck treffen wir unsere Entscheidungen, dafür üben wir unsere Freiheit aus; darin – in Wahrheit, Güte und Schönheit – finden wir Glück und Freude. Lasst euch nicht täuschen von denen, die euch nur als einen der vielen Konsumenten in einem Markt der undifferenzierten Möglichkeiten ansehen, wo die Wahl selbst zum Gut wird, die Neuheit sich als Schönheit ausgibt und die subjektive Erfahrung die Wahrheit verdrängt.

Christus bietet mehr! Er bietet in der Tat alles! Allein er, der die Wahrheit ist, kann der Weg sein und darum auch das Leben. So ist der »Weg«, den die Apostel bis an die Enden der Erde brachten, das Leben in Christus. Das ist das Leben der Kirche. Und der Eingang zu diesem Leben, zum christlichen Weg, ist die Taufe.

Deshalb möchte ich heute Abend kurz etwas über unser Verständnis der Taufe ins Gedächtnis rufen, bevor wir morgen über den Heiligen Geist nachdenken werden. Am Tag eurer Taufe hat Gott euch in seine Heiligkeit hineingezogen (vgl. 2 Petr 1,4). Ihr wurdet als Sohn oder Tochter des himmlischen Vaters angenommen. Ihr wurdet in Christus eingegliedert. Ihr wurdet zu einer Wohnung seines Geistes (vgl. 1 Kor 6,19). Der Priester hat sich in der Tat gegen Ende eurer Taufe an eure Eltern und die Umstehenden gewandt, euch mit eurem Namen angesprochen und gesagt: »Du bist eine neue Schöpfung geworden« (Ritus der Taufe, 99).

Liebe Freunde, bei euch zu Hause, in euren Schulen und Universitäten, an euren Arbeitsplätzen und in der Freizeit erinnert euch daran, dass ihr eine neue Schöpfung seid! Als Christen steht ihr in dieser Welt in dem Wissen, dass Gott ein menschliches Angesicht hat – Jesus Christus –, der »Weg«, der alles menschliche Sehnen befriedigt, und das »Leben«, von dem Zeugnis zu geben wir berufen sind, indem wir immer in seinem Licht wandeln (vgl. ebd., 100).

Die Aufgabe des Zeugen ist nicht leicht. Es gibt heute viele, die fordern, Gott müsse »auf der Ersatzbank« gelassen werden und Religion und Glauben, die zwar für die Einzelnen gut sind, müssten aus dem öffentlichen Leben entweder gänzlich ausgeschlossen oder aber nur zur Verfolgung begrenzter pragmatischer Ziele eingesetzt werden. Diese säkularisierte Sichtweise versucht, mit wenig oder gar keinem Bezug auf den Schöpfer menschliches Leben zu erklären und die Gesellschaft zu formen. Sie stellt sich selbst als neutral, als unparteiisch und daher für jeden offen vor. In Wirklichkeit aber drängt der Säkularismus wie jede Ideologie eine bestimmte Sicht der Welt auf. Wenn Gott für das öffentliche Leben irrelevant ist, dann wird die Gesellschaft nach einem gottlosen Bild geformt. Aber wenn Gott in den Schatten gestellt wird, schwindet unsere Fähigkeit, die natürliche Ordnung, ihr Ziel und das »Gute« zu erkennen, allmählich dahin. Was prahlerisch als menschliche Genialität gefördert wurde, erweist sich bald als Torheit, Gier und egoistische Ausbeutung. Und so sind wir uns immer mehr bewusst geworden, wie dringend wir angesichts der heiklen Komplexität von Gottes Welt der Demut bedürfen.

Doch wie steht es um unser soziales Umfeld? Sind wir gleichermaßen aufmerksam auf die Zeichen unserer Abwendung von den moralischen Strukturen, mit denen Gott die Menschheit ausgestattet hat (vgl. Botschaft zum Weltfriedenstag 2007, 8)? Anerkennen wir, dass die angeborene

Würde jedes einzelnen Menschen auf seiner tiefsten Identität als Abbild des Schöpfers beruht und dass daher die Menschenrechte universal sind, auf dem Naturrecht basieren und nicht von Verhandlungen oder Zugeständnissen abhängen, geschweige denn dem Kompromiss überlassen sind? Und so werden wir angeregt darüber nachzudenken, welchen Platz die Armen und die alten Menschen, die Immigranten und diejenigen, die kein Mitspracherecht besitzen, in unseren Gesellschaften einnehmen. Wie ist es möglich, dass so viele Mütter und Kinder unter häuslicher Gewalt zu leiden haben? Wie ist es möglich, dass der wundersamste und heiligste Raum im Menschen – der Mutterschoß – zum Ort unsagbarer Gewalt geworden ist?

Meine lieben Freunde, Gottes Schöpfung ist einzig, und sie ist gut. Die Bemühungen um Gewaltlosigkeit, nachhaltige Entwicklung, Gerechtigkeit und Frieden sowie die Sorge für unsere Umwelt sind von lebenswichtiger Bedeutung für die Menschheit. Sie können jedoch nicht verstanden werden, wenn man sie trennt von einer vertieften Betrachtung der angeborenen Würde jedes einzelnen Menschenlebens von der Zeugung bis zum natürlichen Tod – einer Würde, die von Gott selbst verliehen und deshalb unantastbar ist. Unsere Welt ist der Gier, der Ausbeutung und der Spaltungen, der Öde falscher Idole und halber Antworten und der Plage falscher Versprechungen überdrüssig geworden. Unsere Herzen und Gedanken sehnen sich nach der Vision eines Lebens, wo Liebe andauert, wo Gaben geteilt werden, wo Einheit gebildet wird, wo Freiheit ihren eigentlichen Sinn in der Wahrheit findet und wo die Identität in einem respektvollen Miteinander gefunden wird. Das ist das Werk des Heiligen Geistes! Das ist die Hoffnung, die das Evangelium Jesu Christi bereithält. Um für diese Wirklichkeit Zeugnis zu geben, seid ihr in der Taufe neu geschaffen und in der Firmung durch die Gaben des Geistes gestärkt worden. Das soll die Botschaft sein, die ihr von Sydney aus in die Welt tragt!

(Ansprache zum Weltjugendtag in Sydney, 17.7.08)

Liebe Freunde!

»Ihr werdet die Kraft des Heiligen Geistes empfangen, der auf euch herabkommen wird« (Apg 1,8). Wir haben die Erfüllung dieser Verheißung gesehen! Am Pfingsttag hat, wie wir in der ersten Lesung gehört haben, der auferstandene Herr, der zur Rechten des Vater sitzt, den Geist auf die im Obergemach, im Abendmahlssaal versammelten Jünger herabgesandt. In der Kraft dieses Geistes zogen Petrus und die Apostel aus, das Evangelium bis an die Grenzen der Erde zu predigen. In allen Zeiten und in allen Sprachen fährt die Kirche fort, in der ganzen Welt die Wundertaten Gottes zu verkünden und alle Nationen und Völker zum Glauben, zur Hoffnung und zu einem neuen Leben in Christus zu rufen.

In diesen Tagen bin auch ich als Nachfolger des heiligen Petrus in dieses wunderbare Land Australien gekommen. Ich bin hierhergekommen, um euch, meine jungen Brüder und Schwestern, in eurem Glauben zu stärken und eure Herzen für die Kraft des Geistes Christi und den Reichtum seiner Gaben zu öffnen. Ich bete, dass diese große Versammlung, die junge Menschen »aus allen Völkern unter dem Himmel« (vgl. Apg 2,5) vereint, ein neuer Abendmahlssaal sei. Das Feuer der Liebe Gottes komme herab, um eure Herzen zu erfüllen, es verbinde euch immer vollkommener mit dem Herrn und seiner Kirche und sende euch aus als eine neue Generation von Aposteln, um die Welt zu Christus zu bringen!

»Ihr werdet die Kraft des Heiligen Geistes empfangen, der auf euch herabkommen wird.« Diese Worte des auferstandenen Herrn haben eine besondere Bedeutung für jene jungen Menschen, die in der heutigen Messfeier gefirmt werden, besiegelt werden mit der Gabe des Heiligen Geistes. Aber sie gelten auch einem jeden von uns, all jenen, die in der Taufe als Gabe des Geistes die Versöhnung und das neue Leben empfangen haben, die bei der Firmung den Geist als ihren Helfer und Leiter in ihre Herzen aufgenommen haben und die Tag für Tag durch die Eucharistie in seinen Gnadengaben wachsen. In jeder Messfeier kommt nämlich der Heilige Geist erneut herab, wenn er durch das feierliche Gebet der Kirche angerufen wird, nicht nur um unsere Gaben von Brot und Wein in den Leib und das Blut des Herrn zu verwandeln, sondern auch um unser Leben zu verwandeln, um uns in seiner Kraft »ein Leib und ein Geist in Christus« werden zu lassen.

Aber was ist diese »Kraft« des Heiligen Geistes? Es ist die Kraft des göttlichen Lebens! Es ist die Kraft desselben Geistes, der am Anfang der Schöpfung über den Wassern schwebte und der, als die Zeit erfüllt war, Jesus von den Toten auferweckt hat. Es ist die Kraft, die uns und unsere Welt auf das Kommen des Gottesreiches ausrichtet. Im heutigen Evangelium verkündet Jesus, dass eine neue Zeit angebrochen ist, in der der Heilige Geist über die ganze Menschheit ausgegossen wird (vgl. Lk 4,21). Er selbst, der durch den Heiligen Geist empfangen und von der Jungfrau Maria geboren wurde, ist zu uns gekommen, um uns diesen Geist zu bringen. Als Quelle unseres neuen Lebens in Christus ist der Heilige Geist auch auf sehr reale Weise die Seele der Kirche, die Liebe, die uns mit dem Herrn und untereinander verbindet, und das Licht, das unsere Augen öffnet, damit wir die Wunder der Gnade Gottes sehen, die uns umgeben.

Hier in Australien, diesem »großen Südland des Heiligen Geistes«, haben wir alle eine unvergessliche Erfahrung von der Gegenwart und der Kraft des Geistes in der Schönheit der Natur gemacht.

Unsere Augen wurden geöffnet, damit wir die Welt um uns so sehen, wie sie wirklich ist. »Erfüllt von Gottes Größe« – wie der Dichter sagt –, voll der Herrlichkeit seiner schöpferischen Liebe. Auch hier in dieser großartigen Versammlung junger Christen aus der ganzen Welt haben wir eine lebendige Erfahrung von der Gegenwart des Geistes und von seiner Kraft im Leben der Kirche gemacht. Wir haben die Kirche als das gesehen, was sie wirklich ist: der Leib Christi, eine lebendige Gemeinschaft der Liebe, die in der aus unserm Glauben an den auferstandenen Herrn kommenden Einheit Menschen aller Rassen, Nationen und Sprachen, aller Zeiten und Orte umfasst.

Die Kraft des Heiligen Geistes hört nie auf, die Kirche mit Leben zu erfüllen! Durch die Gnade der Sakramente der Kirche sprudelt die Kraft auch tief in uns wie ein unterirdischer Fluss, der unseren Geist tränkt und uns immer näher zur Quelle unseres wahren Lebens führt, die Christus ist. Der heilige Ignatius von Antiochien, der zu Beginn des zweiten Jahrhunderts in Rom als Märtyrer starb, hat uns eine glänzende Beschreibung der Kraft des Geistes hinterlassen, die in uns wohnt. Er sprach vom Geist als der Quelle lebendigen Wassers, die in seinem Herzen entspringt und flüstert: »Komm, komm zum Vater« (vgl. Ad Rom. 6,1–9).

Doch diese Kraft, die Gnade des Geistes, ist nicht etwas, das wir uns verdienen oder erarbeiten, sondern nur als reines Geschenk empfangen können. Gottes Liebe kann ihre Kraft nur entfalten, wenn wir zulassen, dass sie uns von innen her verändert. Wir müssen sie die harte Kruste unserer Gleichgültigkeit, unserer geistlichen Trägheit und unserer blinden Anpassung an den Geist dieser Zeit durchbrechen lassen. Nur dann können wir sie unsere Vorstellungskraft entflammen und unsere tiefsten Sehnsüchte formen lassen. Aus diesem Grund ist das Gebet so wichtig: das tägliche Gebet, das persönliche Gebet in der Stille unseres Herzens und vor dem Allerheiligsten und das liturgische Gebet im Herzen der Kirche. Gebet ist reine Aufnahmebereitschaft für Gottes Gnade, Liebe in Aktion, Gemeinschaft mit dem Geist, der in uns wohnt und uns durch Jesus in der Kirche zu unserem himmlischen Vater führt. In der Kraft seines Geistes ist Jesus immer in unseren Herzen gegenwärtig und wartet ruhig darauf, dass wir bei ihm still werden, um seine Stimme zu hören, in seiner Liebe zu weilen und die »Kraft aus der Höhe« zu empfangen, eine

Kraft, die uns befähigt, Salz und Licht der Welt zu sein.

Bei der Himmelfahrt sagte der auferstandene Herr zu seinen Jüngern: »Ihr werdet meine Zeugen sein … bis an die Grenzen der Erde« (Apg 1,8). Danken wir dem Herrn hier in Australien für die Gabe des Glaubens, die bis zu uns gelangt ist wie ein Schatz, der in der Gemeinschaft der Kirche von Generation zu Generation weitergegeben wurde. Danken wir hier in Ozeanien besonders für all jene heroischen Missionare, hingebungsvollen Priester und Ordensleute und christlichen Eltern und Großeltern, Lehrer und Katecheten, die die Kirche in diesen Ländern aufgebaut haben. Solche Zeugen wie die selige Mary MacKillop, den heiligen Peter Chanel, den seligen Peter To Rot und so viele andere! Die Kraft des Geistes, die in ihren Leben sichtbar wurde, wirkt weiter in all den guten Werken, die sie hinterlassen haben, in der Gesellschaft, die sie geformt haben und die schon bald in eure Hände gelegt werden wird.

Liebe junge Freunde, erlaubt mir, euch jetzt eine Frage zu stellen. Was werdet ihr der nächsten Generation hinterlassen? Baut ihr euer Leben auf festen Fundamenten und errichtet ihr etwas, das

Bestand haben wird? Lebt ihr euer Leben auf eine Weise, die inmitten einer Welt, die Gott vergessen will oder ihn im Namen einer falsch verstandenen Freiheit sogar ablehnt, Raum schafft für den Geist? Wie setzt ihr die Gaben ein, die ihr empfangen habt, die »Kraft«, die der Heilige Geist auch jetzt in euch freisetzen möchte? Welches Erbe werdet ihr jenen jungen Menschen hinterlassen, die nach euch kommen? Welchen Unterschied werdet ihr machen?

Die Kraft des Heiligen Geistes beschränkt sich nicht darauf, uns zu erleuchten und zu trösten. Sie richtet uns auch auf die Zukunft aus, auf das Kommen des Gottesreiches. Was für eine wunderbare Vision einer erlösten und erneuerten Menschheit sehen wir in der neuen Zeit, die uns vom heutigen Evangelium verheißen wird! Der heilige Lukas sagt uns, dass Jesus Christus die Erfüllung aller Verheißungen Gottes ist, der Messias, der den Heiligen Geist in Fülle besitzt, um ihn mit der ganzen Menschheit zu teilen. Die Ausgießung des Geistes Christi auf die Menschheit ist ein Unterpfand der Hoffnung und der Erlösung von allem, was uns verarmen lässt. Sie schenkt den blinden neues Augenlicht, sie befreit die Zerschlagenen und

schafft Einheit in und durch Verschiedenheit (vgl.
Lk 4,18–19; Jes 61,1–2). Diese Kraft kann eine neue
Welt schaffen: Sie kann »das Antlitz der Erde er-
neuern« (vgl. Ps 104,30)!

Gestärkt durch den Geist und gestützt auf die
Weitsicht des Glaubens, ist eine neue Generation
von Christen dazu berufen, zum Aufbau einer Welt
beizutragen, in der das Leben angenommen, ge-
achtet und geliebt und nicht abgelehnt, wie eine
Bedrohung gefürchtet und zerstört wird. Eine neue
Zeit, in der die Liebe nicht gierig und selbstsüchtig,
sondern rein, treu und wahrhaft frei, offen für
andere und voll Achtung für ihre Würde ist, ihr
Wohl sucht und Freude und Schönheit ausstrahlt.
Eine neue Zeit, in der die Hoffnung uns von der
Oberflächlichkeit, der Lustlosigkeit und der Ich-
bezogenheit befreit, die unsere Seele absterben
lassen und das Netz der menschlichen Beziehungen vergiften. Liebe junge Freunde, der Herr bittet
euch, Propheten dieser neuen Zeit zu sein, Boten
seiner Liebe, die die Menschen zum Vater hin-
ziehen und eine Zukunft der Hoffnung für die
ganze Menschheit aufbauen.

Die Welt braucht diese Erneuerung! In so vielen
unserer Gesellschaften breitet sich neben dem

materiellen Wohlstand eine geistliche Wüste aus: eine innere Leere, eine namenlose Furcht und ein heimliches Gefühl der Hoffnungslosigkeit. Wie viele unserer Zeitgenossen haben in ihrer verzweifelten Suche nach Sinn – nach dem letzten Sinn, den nur die Liebe schenken kann – rissige und leere Zisternen gegraben (vgl. Jer 2,13). Darin liegt die große und befreiende Gabe des Evangeliums: Es offenbart unsere Würde als Männer und Frauen, die als Abbild Gottes und ihm ähnlich geschaffen wurden. Es offenbart die erhabene Berufung der Menschheit, die darin besteht, die Erfüllung in der Liebe zu finden. Es erschließt uns die Wahrheit über den Menschen und die Wahrheit über das Leben.

Auch die Kirche braucht diese Erneuerung! Sie braucht euren Glauben, euren Idealismus und eure Großzügigkeit, damit sie im Geist immer jung sein kann (vgl. Lumen gentium, 4)! In der zweiten Lesung des heutigen Tages ruft uns der Apostel Paulus in Erinnerung, dass jeder Christ eine Gabe empfangen hat, die dazu bestimmt ist, für den Aufbau des Leibes Christi eingesetzt zu werden. Die Kirche braucht besonders die Gaben der jungen Menschen, aller jungen Menschen. Sie muss in der Kraft des Geistes wachsen, der eurer

Jugend auch jetzt Freude schenkt und euch anregt, dem Herrn mit Frohsinn zu dienen. Öffnet eure Herzen für diese Kraft! Diese Bitte richte ich in besonderer Weise an all jene, die der Herr zum Priestertum und zum gottgeweihten Leben beruft. Fürchtet euch nicht, Jesus »ja« zu sagen, eure Freude in der Erfüllung seines Willens zu finden, indem ihr euch ganz dem Streben nach Heiligkeit hingebt und alle eure Talente für den Dienst an den Mitmenschen einsetzt!

In wenigen Augenblicken werden wir das Sakrament der Firmung feiern. Der Heilige Geist wird auf die Firmkandidaten herabkommen; sie werden mit der Gabe des Heiligen Geistes »besiegelt« werden und ausgesandt werden, Zeugen Christi zu sein. Was bedeutet es, das »Siegel« des Heiligen Geistes zu empfangen? Es bedeutet, ein unauslöschliches Zeichen zu tragen, dauerhaft verwandelt und eine neue Schöpfung zu sein. Für jene, die diese Gabe empfangen haben, darf nichts beim Alten bleiben! Im Geist »getauft« zu werden bedeutet, von der Liebe Gottes entflammt zu werden. »Vom Geist getränkt« zu werden (vgl. 1 Kor 12,13) bedeutet, von der Schönheit des Planes des Herrn für uns und für die Welt erquickt zu werden und dadurch selber eine Quelle geistlicher Erquickung für andere zu werden. »Mit dem Geist besiegelt« zu werden bedeutet, bei unserem Einsatz für den Sieg der Zivilisation der Liebe keine Angst zu haben, für Christus einzustehen und unser Sehen, Denken und Handeln von der Wahrheit des Evangeliums durchdringen zu lassen.

Wenn wir jetzt für die Firmkandidaten beten, dann bitten wir auch, dass die Kraft des Heiligen Geistes die Gnade der Firmung in jedem von uns neu belebe. Er gieße seine Gaben in Fülle über alle Anwesenden aus, über die Stadt Sydney, über das Land Australien und alle seine Bewohner! Jeder von uns möge erneuert werden im Geist der Weisheit und der Einsicht, im Geist des Rates und der Stärke, im Geist der Erkenntnis und der Frömmigkeit und im Geist der Gottesfurcht.

Durch die liebevolle Fürsprache Marias, der Mutter der Kirche, möge dieser 23. Weltjugendtag als ein neuer Abendmahlssaal erfahren werden, aus dem wir alle, entflammt vom Feuer und von der Liebe des Heiligen Geistes, hinausgehen, um den auferstandenen Herrn zu verkünden und jedes Herz zu ihm hinzuziehen! Amen.

(Predigt beim Weltjugendtag in Sydney, 20.7.08)

Die geistliche Dimension

Freundschaft

Er kennt mich mit Namen. Ich bin nicht irgendein anonymes Wesen in der Unendlichkeit des Alls. Er kennt mich ganz persönlich. Kenne ich ihn? Die Freundschaft, die er mir schenkt, kann nur bedeuten, dass auch ich ihn immer mehr zu erkennen versuche; dass ich in der Schrift, in den Sakramenten, in der Begegnung des Betens, in der Gemeinschaft der Heiligen, in den Menschen, die auf mich zukommen und die er mir schickt, immer mehr ihn selber zu erkennen versuche. Freundschaft ist nicht nur Erkennen, sie ist vor allem Gemeinschaft des Wollens. Sie bedeutet, dass mein Wille hineinwächst in das Ja zu dem Seinigen. *(Predigt, 29.6.11)*

Innere Ruhe

Freunde, fürchtet euch nicht vor der Stille oder der Ruhe; hört auf Gott, betet ihn in der Eucharistie an. Lasst zu, dass sein Wort euren Weg als ein Fortschreiten in der Heiligkeit formt.

(Ansprache, 19.4.08)

In der Stille

Gottes Saat wächst immer in der Stille heran, sie schlägt sich nicht sofort in den Statistiken nieder … Gewiss geht viel verloren, wir können nicht sofort sagen, dass ab morgen wieder ein großes Wachstum der Kirche beginnt. Gott wirkt nicht so. Sondern es wächst in der Stille und mit großer Kraft … Und auf dieses stille Wachstum vertrauen wir. *(Pressekonferenz, 18.8.11)*

Gebote (I)

Gott gibt uns die Gebote, weil er uns zur wahren
Freiheit erziehen will, weil er mit uns ein Reich der
Liebe, der Gerechtigkeit und des Friedens aufbauen will. Sie zu beachten und nach ihnen zu
handeln bedeutet nicht, sich zu entfremden,
sondern den Weg der wahren Freiheit und Liebe zu
finden, denn die Gebote schränken das Glück
nicht ein, sondern zeigen, wie man es finden kann.

(Botschaft, 22.2.10)

Gebote (II)

(Die Gebote) führen zum Leben, was bedeutet,
dass sie uns Authentizität gewährleisten. Sie sind
die großen Wegweiser, die uns den rechten Weg
zeigen. Wer die Gebote beachtet, befindet sich auf
Gottes Weg … Die Gebote werden nicht von
außen auferlegt, sie schmälern nicht unsere
Freiheit. Im Gegenteil: Sie sind ein kraftvoller
innerer Ansporn, der uns dazu bringt, unserem
Handeln eine gewisse Richtung zu geben. Ihre
Grundlagen sind die Gnade und die Natur, die uns

nicht stillstehen lassen. Wir müssen gehen. Wir werden angetrieben, etwas zu tun, um uns zu verwirklichen. Sich durch das Handeln zu verwirklichen, heißt in Wirklichkeit, sich selbst wirklich zu machen. Wir sind zum großen Teil von Jugend auf das, was wir sein wollen. Wir sind sozusagen das Werk unserer Hände.

(Ansprache, 10.5.07)

Beten

Schafft in eurem Leben Raum für das Gebet! Alleine beten ist gut, noch schöner und gewinnbringender ist es aber, gemeinsam zu beten, denn der Herr hat gesagt, dass er dort, wo zwei oder drei in seinem Namen versammelt sind, mitten unter ihnen ist (vgl. Mt 18,20). Es gibt viele Arten, mit ihm vertraut zu werden; es gibt Erfahrungen, Gruppen und Bewegungen, Begegnungen und Wege, um beten zu lernen und so in der Erfahrung des Glaubens zu wachsen. *(Botschaft, 22.2.09)*

Öffnung

Wenn ein Mensch eine große Liebe in sich trägt,
dann verleiht diese Liebe ihm gleichsam Flügel,
und er erträgt alle Beschwernisse des Lebens
leichter, weil er dieses große Licht in sich trägt. Das
ist der Glaube: von Gott geliebt zu sein und sich
von Gott in Jesus Christus lieben zu lassen. Dieses
Sich-lieben-Lassen ist das Licht, das uns hilft, die
tägliche Mühsal zu tragen. Und die Heiligkeit ist
nicht unser Werk, ein sehr schwieriges Werk,
sondern sie ist genau diese »Öffnung«: die Fenster
unserer Seele zu öffnen, damit das Licht Gottes
eintreten kann, Gott nicht zu vergessen, denn
gerade in der Öffnung gegenüber seinem Licht
findet man Kraft, findet man die Freude der
Erlösten.   *(Generalaudienz, 16.2.11)*

Vom Beten

Es geht nicht darum, mehr Worte zu machen – wie uns schon Jesus sagte –, sondern darum, in der Gegenwart Gottes zu verweilen, sich – in Herz und Verstand – die Worte des »Vaterunser« zu eigen zu machen, das alle Probleme unseres Lebens umspannt; es geht um die Anbetung der Eucharistie, darum, allein in unserem Zimmer das Evangelium zu meditieren oder andächtig an der Liturgie teilzunehmen. All das lenkt nicht vom Leben ab, sondern hilft uns vielmehr, in jedem Umfeld wir selbst zu sein, der Stimme Gottes treu, die zu unserem Gewissen spricht, frei von den Ablenkungen des Augenblicks! *(Ansprache, 4.7.10)*

Haltung der Zuwendung

Das Wichtigste ist, dass ihr eine persönliche Beziehung zu Gott entwickelt. Diese Beziehung drückt sich im Gebet aus. Es liegt in Gottes eigenstem Wesen, dass er spricht, hört und antwortet. Tatsächlich ruft uns der heilige Paulus in Erinnerung: Wir können und sollten »ohne

Unterlass« beten (1 Thess 5,17). Weit davon entfernt, uns in uns selbst zurückzuziehen oder uns den Höhen und Tiefen des Lebens zu entziehen, wenden wir uns durch das Gebet Gott und durch ihn einander zu, einschließlich der Ausgegrenzten und derer, die anderen Wegen als dem Weg Gottes folgen. *(Ansprache, 19.4.08)*

An Heiligkeit zunehmen

Was Gott am meisten von einem jeden von euch wünscht, ist, dass ihr heilig werden sollt. Er liebt euch viel mehr, als ihr euch je vorstellen könnt, und er will das Allerbeste für euch. Und das bei weitem Beste für euch ist es, an Heiligkeit zuzunehmen. *(Ansprache, 17.9.10)*

Staunen

Das Universum ist kein Zufallsprodukt, wie einige uns glauben machen wollen. Wenn wir es betrachten, sind wir eingeladen, etwas Tiefes darin zu entdecken: die Weisheit des Schöpfers, die unerschöpfliche Phantasie Gottes, seine unendliche Liebe zu uns. Wir dürfen uns nicht den Geist begrenzen lassen durch Theorien, die immer nur bis zu einem gewissen Punkt gelangen … In der Schönheit der Welt, in ihrem Geheimnis, in ihrer Größe und in ihrer Rationalität müssen wir die ewige Rationalität erkennen, und wir müssen uns von ihr führen lassen bis hin zu dem einen Gott, dem Schöpfer des Himmels und der Erde.

(Predigt, 6.1.11)

In der Schule der Heiligen

Fasst Mut! Richtet euren Blick fest auf unsere Heiligen. Ihre unterschiedlichen Erfahrungen von Gottes Gegenwart veranlassen uns dazu, die Weite und Tiefe des Christentums neu zu entdecken. Lasst zu, dass sich eure Fantasie frei in die grenzenlose Weite der Horizonte der christlichen Jüngerschaft erhebt. *(Ansprache, 19.4.08)*

Hl. Augustinus

Ich möchte gerne an die Erfahrung des hl. Augustinus erinnern, eines jungen Mannes, der lange und unter großen Mühen außerhalb Gottes nach etwas suchte, das seinen Durst nach Wahrheit und Glückseligkeit stillen konnte. Am Ende seiner Suche begriff er dann aber, dass unser Herz nicht zur Ruhe kommt, ehe es Gott nicht findet, ehe es nicht in ihm ruht (vgl. Bekenntnisse 1,1). Liebe Jugendliche! Bewahrt euch eure Begeisterung, eure Freude – die Freude, die aus der Begegnung mit dem Herrn erwächst – und gebt sie auch an eure Freunde, eure Altersgenossen weiter! *(Ansprache, 4.7.10)*

Der junge Franziskus

Wie sollte man nicht sehen, dass viele junge Menschen – und auch weniger junge Menschen – versucht sind, dem Leben des jungen Franziskus zu folgen, das er vor seiner Bekehrung geführt hat? Hinter dieser Art zu leben stand die Sehnsucht nach Glück, die es in jedem menschlichen Herz gibt. Aber konnte dieses Leben wahre Freude schenken? Franziskus hat sie sicher nicht gefunden. Ihr selbst, liebe Jugendliche, könnt aufgrund eurer eigenen Erfahrung diese Tatsache überprüfen. Die Wahrheit ist, dass die endlichen Dinge eine Ahnung von der Freude vermitteln können, aber nur der Unendliche kann das Herz erfüllen …

(Ansprache, 17.6.07)

Treue in den kleinen Dingen

Von uns wird nicht sogleich das Martyrium verlangt, aber Jesus bittet um die Treue in den kleinen Dingen, um die innere Sammlung, das innere Mit-dabei-Sein, unseren Glauben, und darum, dass wir uns mühen, im Alltag diesen Schatz gegenwärtig zu halten. Er bittet uns um Treue in den täglichen Aufgaben, um das Zeugnisgeben für seine Liebe, indem wir in die Kirche gehen aus innerer Überzeugung und Freude, dass er da ist. So können wir auch für unsere Freunde erfahrbar machen, dass Jesus lebt.

(Generalaudienz, 4.8.10)

Die Dimension der Gefühle

Zu Gott hin

Ihr alle strebt danach, zu lieben und geliebt zu werden! Ihr müsst euch Gott zuwenden, um lieben zu lernen und die Kraft zum Lieben zu haben.

(Ansprache, 12.9.08)

Die Liebe wagen

Liebe Jugendliche, ich möchte euch dazu einladen, »die Liebe zu wagen«; das heißt, nichts Geringeres für euer Leben zu ersehnen als eine starke und schöne Liebe, die fähig ist, das ganze Dasein zu einer freudigen Verwirklichung der Gabe eurer selbst an Gott und die Brüder zu machen, in Nachahmung dessen, der durch seine Liebe für immer den Hass und den Tod besiegt hat (vgl. Offb 5,13). Die Liebe ist die einzige Kraft, die imstande ist, die Herzen der Menschen und der ganzen Menschheit zu wandeln

und die Beziehungen zwischen Männern und
Frauen, zwischen Reich und Arm, zwischen
Kulturen und Zivilisationen fruchtbringend zu
machen.   *(Botschaft, 27.1.07)*

Lieben

Ihr könnt und dürft euch nicht einer Liebe
anpassen, die zur Handelsware verkürzt wird, die,
unfähig zu Keuschheit und Reinheit, ohne
Achtung vor sich selbst und vor den anderen
konsumiert wird. Das ist keine Freiheit!
                                 (Ansprache, 30.10.10)

Aus Liebe

Meine Freunde, ihr seid die Saat, die Gott auf dem
Acker aussät und die im Herzen eine Kraft aus der
Höhe trägt, die Kraft des Heiligen Geistes. Der
einzige Weg jedoch, um von der Verheißung des
Lebens zur Frucht zu gelangen, ist der, das Leben
aus Liebe hinzugeben, aus Liebe zu sterben.
                                 (Ansprache, 21.3.09)

Das Haus des Lebens

Im Herzen jedes Menschen, liebe Freunde, gibt es den Wunsch nach einem Haus. Vor allem ein junges Herz sehnt sich nach einem eigenen dauerhaften Zuhause, in das man nicht nur mit Freude zurückkehren, sondern in dem man ebenso mit Freude jeden Gast empfangen kann. Es ist die Sehnsucht nach einem Haus, in dem Liebe, Vergebung und die Notwendigkeit des Verständnisses das tägliche Brot sind und in dem die Wahrheit die Quelle ist, aus der der Frieden des Herzens strömt. Es ist die Sehnsucht nach einem Haus, auf das wir stolz sein können, dessen wir uns nicht schämen und dessen Einsturz wir nie beklagen müssen. Diese Sehnsucht ist nichts anderes als der Wunsch nach einem erfüllten, glücklichen und gelungenen Leben. Fürchtet euch nicht vor diesem Wunsch! Versucht nicht, vor ihm zu fliehen! Lasst euch nicht entmutigen angesichts eingestürzter Häuser, unerfüllter Wünsche und geschwundener Sehnsucht. Der Schöpfergott, der in ein junges Herz das unermessliche Verlangen nach Glückseligkeit legt, wird es anschließend nicht allein lassen beim mühevollen Aufbau jenes Hauses, das sich Leben nennt. *(Ansprache, 27.5.06)*

Vielfalt

Besucht man einen botanischen Garten, so erstaunt einen die Vielfalt der Pflanzen und Blumen, und man denkt spontan an die Phantasie des Schöpfers, der die Erde zu einem herrlichen Garten gemacht hat. Ein vergleichbares Gefühl überkommt uns, wenn wir das Schauspiel der Heiligkeit in Betracht ziehen: Die Welt erscheint uns wie ein Garten, wo der Geist Gottes mit wunderbarer Phantasie eine Vielzahl von heiligen Männern und Frauen erweckt hat, jeglichen Alters und jeglicher sozialer Herkunft, jeglicher Sprache, aus allen Völkern und Kulturen. Ein jeder unterscheidet sich vom anderen durch die Einzigartigkeit seiner menschlichen Persönlichkeit und seines geistlichen Charismas. Alle aber tragen das Siegel Jesu eingeprägt … *(Angelus, 1.11.08)*

Der Wert der Familie

Liebe Jugendliche, macht euch den Wert der
Familie wieder zu eigen; liebt sie nicht nur aus
Tradition, sondern aus einer reifen und bewussten
Entscheidung heraus. Liebt eure Herkunftsfamilie,
und bereitet euch darauf vor, auch die Familie zu
lieben, die ihr selbst mit Gottes Hilfe gründen
werdet. Ich sage: »Bereitet euch darauf vor«, denn
die wahre Liebe lässt sich nicht improvisieren. Die
Liebe besteht nicht nur aus Gefühlen, sondern
ebenso aus Verantwortung, Beständigkeit und auch
aus Pflichtbewusstsein.   (*Ansprache, 7.9.08*)

Das Sakrament der Ehe

Liebe Jugendliche, werdet euch bewusst, dass die
Taufe euch zu Kindern Gottes und zu Gliedern
seines Leibes, der Kirche, gemacht hat. Jesus
erneuert beständig die Einladung an euch, seine
Jünger und seine Zeugen zu sein. Viele von euch
beruft er zur Ehe, und die Vorbereitung auf dieses
Sakrament stellt wahrlich einen Berufungsweg dar.
Denkt also ernsthaft über den göttlichen Ruf nach,

eine christliche Familie zu gründen, und eure Jugend sei die Zeit, in der ihr verantwortungsbewusst die Grundlagen für eure Zukunft legt. Die Gesellschaft braucht christliche Familien, heilige Familien! *(Ansprache, 28.9.09)*

Unser Herz

Gott hat die Welt gemacht, damit eine Stelle sei, an der er seine Liebe mitteilen kann und von der aus die Antwort der Liebe zu ihm zurückkehrt. Vor Gott ist das Herz des Menschen, das ihm antwortet, größer und wichtiger als der ganze gewaltige, materielle Kosmos, der uns freilich etwas von Gottes Größe ahnen lässt.

(Predigt, 23.4.2011)

Glauben

Liebe junge Freunde!

Mit dieser Eucharistiefeier kommen wir zum Höhepunkt dieses Weltjugendtages. Wenn ich euch hier sehe, die ihr in großer Zahl aus allen Teilen der Welt gekommen seid, füllt sich mein Herz mit Freude und denkt zugleich an die besondere Liebe, mit der Jesus auf euch blickt. Ja, der Herr liebt euch, und er nennt euch seine Freunde (vgl. Joh 15,15). Er kommt euch entgegen und will euch auf eurem Weg begleiten, um euch die Türen zu einem erfüllten Leben zu öffnen und euch an seiner innigen Beziehung zum Vater teilhaben zu lassen. Im Bewusstsein der Größe seiner Liebe wollen wir unsererseits diesem Ausdruck der Zuneigung großzügig mit dem Vorsatz entsprechen, die Freude, die wir empfangen haben, auch mit den anderen zu teilen. Es gibt heutzutage gewiss viele, die sich von der Gestalt Christi angezogen fühlen und ihn besser kennenlernen möchten. Sie spüren, dass er die Antwort auf vieles ist, was sie persönlich bewegt. Aber wer ist er wirklich? Wie kann einer, der vor so vielen Jahren auf der Erde gelebt hat, mit mir heute etwas zu tun haben?

Im Evangelium, das wir gehört haben (vgl. Mt 16,13–20), sehen wir zwei unterschiedliche Weisen dargestellt, Christus zu erkennen. Die erste Form würde in einem äußerlichen Kennenlernen bestehen, das von der gängigen Meinung geprägt ist. Auf die Frage Jesu: »Für wen halten die Leute den Menschensohn?«, antworten die Jünger: »Die einen für Johannes den Täufer, andere für Elija, wieder andere für Jeremia oder sonst einen Propheten.« Das heißt, man hält Christus für eine weitere religiöse Persönlichkeit neben den bereits bekannten. Danach wendet sich Jesus persönlich an die Jünger und fragt sie: »Ihr aber, für wen haltet ihr mich?« Petrus antwortet mit den Worten, die das erste Glaubensbekenntnis darstellen: »Du bist der Messias, der Sohn des lebendigen Gottes.« Der Glaube geht weit über die rein empirischen oder historischen Daten hinaus und ist imstande, das Geheimnis der Person Christi in ihrer Tiefe zu erfassen.

Aber der Glaube ist nicht Frucht der menschlichen Anstrengung, nicht Ergebnis der Vernunft, sondern er ist ein Geschenk Gottes: »Selig bist du, Simon Barjona; denn nicht Fleisch und Blut haben Dir das offenbart, sondern mein Vater im Himmel.« Er hat seinen Ursprung in der Initiative Gottes, die uns sein Innerstes enthüllt und uns zur Teilhabe an seinem göttlichen Leben einlädt. Der Glaube liefert nicht nur irgendeine Information über die Identität Christi, sondern er setzt eine persönliche Beziehung zu ihm voraus, die Zustimmung der ganzen Person mit ihrem Verstand, ihrem Willen und ihren Gefühlen zur Selbstoffenbarung Gottes. So spornt die Frage Jesu: »Ihr aber, für wen haltet ihr mich?« die Jünger eigentlich dazu an, hinsichtlich der Beziehung zu ihm eine persönliche Entscheidung zu treffen. Glaube und Nachfolge Christi hängen eng zusammen. Und da der Glaube voraussetzt, dass man dem Meister nachfolgt, muss er gefestigt werden und wachsen, tiefer und reifer werden in dem Maße, in dem die Beziehung zu Jesus, die Vertrautheit mit ihm intensiver und stärker wird. Auch Petrus und die anderen Apostel mussten diesen Weg gehen, bis ihnen die Begegnung mit dem auferstandenen Herrn die Augen zu einem vollen Glauben öffnete.

Liebe junge Freunde, auch heute wendet sich Christus an euch mit derselben Frage, die er an die Apostel gerichtet hat: »Ihr aber, für wen haltet ihr mich?« Antwortet ihm großzügig und mutig, wie es einem jugendlichen Herzen wie dem euren entspricht. Sagt zu ihm: Jesus, ich weiß, dass du der Sohn Gottes bist, der sein Leben für mich hingegeben hat. Ich will dir in Treue folgen und mich von deinem Wort leiten lassen. Du kennst mich und liebst mich. Ich vertraue dir und lege mein ganzes Leben in deine Hände. Ich möchte, dass du die Kraft bist, die mich trägt, die Freude, die mich nie verlässt.

In seiner Antwort auf das Bekenntnis des Petrus spricht Jesus von der Kirche: »Ich aber sage dir: Du bist Petrus, und auf diesen Felsen werde ich meine Kirche bauen.« Was bedeutet das? Jesus errichtet die Kirche auf dem Felsen des Glaubens des Petrus, der die Göttlichkeit Christi bekennt. Gewiss, die Kirche ist keine rein menschliche Einrichtung wie irgendeine andere, sondern sie ist eng mit Gott verbunden. Christus selbst bezieht sich auf sie als »seine« Kirche. Man kann Christus nicht von der

Kirche trennen, so wie man den Kopf nicht vom Leib trennen kann (vgl. 1 Kor 12,12). Die Kirche lebt nicht von sich selbst, sondern vom Herrn. Er ist in ihrer Mitte gegenwärtig und gibt ihr Leben, Nahrung und Kraft.

Liebe junge Freunde, erlaubt mir, euch als Nachfolger des Petrus dazu aufzufordern, diesen Glauben, der seit den Aposteln an uns weitergegeben worden ist, zu festigen und Christus, den Sohn Gottes, in das Zentrum eures Lebens zu stellen. Lasst mich aber euch auch daran erinnern, dass Jesus im Glauben nachfolgen heißt, in der Gemeinschaft der Kirche mit ihm zu gehen. Man kann Jesus nicht allein folgen. Wer der Versuchung nachgibt, »auf seine eigene Weise« Jesus zu folgen oder den Glauben entsprechend der in der Gesellschaft vorherrschenden individualistischen Auffassung zu leben, läuft Gefahr, Jesus Christus niemals zu begegnen oder letztlich einem Zerrbild von ihm zu folgen.

Glauben haben heißt, dass Du Dich auf den Glauben Deiner Brüder stützt, und Dein Glaube ist Stütze für den Glauben der anderen. Ich bitte euch, liebe Freunde: Liebt die Kirche, die euch zum Glauben geboren hat, die euch geholfen hat,

Christus besser kennenzulernen, die euch die Schönheit seiner Liebe entdecken ließ. Für das Wachsen eurer Freundschaft mit Christus kommt es entscheidend darauf an, dass ihr die grundlegende Bedeutung eurer freudigen Einbindung in die Pfarreien, Gemeinden und Bewegungen ebenso anerkennt wie die Teilnahme an der Eucharistie an jedem Sonntag, den häufigen Empfang des Sakraments der Versöhnung, die regelmäßige Anbetung und die regelmäßige Betrachtung des Wortes Gottes.

Aus dieser Freundschaft mit Jesus wird auch der Impuls dazu hervorgehen, in den verschiedensten Bereichen Zeugnis vom Glauben zu geben, einschließlich dort, wo Ablehnung oder Gleichgültigkeit herrschen. Es ist nicht möglich, Christus zu begegnen und ihn nicht den anderen bekannt zu machen. Bewahrt also Christus nicht für euch selbst! Teilt eure Glaubensfreude den anderen mit! Die Welt braucht das Zeugnis eures Glaubens, sie hat Gott gewiss nötig. Ich meine, dass eure Anwesenheit hier – junge Menschen aus den fünf Kontinenten – ein wunderbarer Beweis für die Fruchtbarkeit des Auftrags Christi an die Kirche ist: »Geht hinaus in die ganze Welt und verkündet

das Evangelium allen Geschöpfen!« (Mk 16,15).
Auch euch obliegt die außerordentliche Aufgabe,
Jünger und Missionare Christi in anderen Gegen-
den und Ländern zu sein, wo es viele junge
Menschen gibt, die nach Größerem streben und in
ihrem Herzen die Möglichkeit von echteren
Werten ausmachen, sich dabei aber nicht von den
falschen Verlockungen einer Lebensweise ohne
Gott verführen lassen.

Liebe junge Freunde, ich bete für euch mit aller
Zuneigung meines Herzens. Ich vertraue euch der
Jungfrau Maria an, dass sie euch immer mit ihrer
mütterlichen Fürsprache begleite und euch die
Treue zum Wort Gottes lehre. Ich bitte euch auch,
für den Papst zu beten, dass er als Nachfolger des
Petrus seine Brüder im Glauben weiter stärken
kann. Dass wir alle in der Kirche, Hirten und
Gläubige, jeden Tag dem Herrn näherkommen,
damit wir in der Heiligkeit des Lebens wachsen
und so ein wirksames Zeugnis davon geben, dass
Jesus Christus wirklich der Sohn Gottes ist, der
Erlöser aller Menschen und die lebendige Quelle
ihrer Hoffnung.

(Predigt beim Weltjugendtag in Madrid, 21.8.11)

Die kirchliche Dimension

Aufmerksamkeit

(Die Kirche), liebe Jugendliche, (blickt) auf euch mit großer Zuneigung, ist euch in den Momenten der Freude und des Festes, der Prüfung und der Verwirrung nahe; sie unterstützt euch mit den Gaben der sakramentalen Gnade, und sie begleitet euch bei der Entscheidungsfindung hinsichtlich eurer Berufung. *(Predigt, 2.9.07)*

Erneuerung

Liebe Jugendliche, die Kirche zählt auf euch! Sie braucht euren lebendigen Glauben, eure kreative Liebe und die Dynamik eurer Hoffnung. Eure Anwesenheit erneuert die Kirche, verjüngt sie und schenkt ihr neuen Schwung. *(Botschaft, 6.8.10)*

Zukunft und Gegenwart

Ihr, liebe Jugendliche, seid nicht nur die Zukunft der Kirche und der Menschheit, als sei dies gleichsam eine Art Flucht aus der Gegenwart. Im Gegenteil: Ihr seid die junge Gegenwart der Kirche und der Menschheit. Ihr seid ihr junges Gesicht. Die Kirche braucht euch als junge Menschen, um der Welt das Antlitz Jesu Christi zu zeigen, das in der christlichen Gemeinschaft sichtbar wird. Ohne dieses junge Gesicht wäre die Kirche entstellt.

(Ansprache, 10.5.07)

Aufruf

Liebe Jugendliche! Liebt eure christlichen Gemeinschaften, habt keine Angst, gemeinsam die Erfahrung des Glaubens zu leben! Liebt die Kirche: Sie hat euch den Glauben geschenkt, sie hat euch Christus kennenlernen lassen! *(Ansprache, 4.7.10)*

Der Weg zum Großen

Es wurde sichtbar: Die Kirche ist gar nicht alt und unbeweglich. Nein, sie ist jung. Und wenn wir auf diese Jugend schauen, die sich um den verstorbenen Papst [Johannes Paul II.] und letztlich um Christus scharte, für den er eingestanden war, dann wurde etwas nicht minder Tröstliches sichtbar: Es ist gar nicht wahr, dass die Jugend vor allem an Konsum und an Genuss denkt. Es ist nicht wahr, dass sie materialistisch und egoistisch ist. Das Gegenteil ist wahr: Die Jugend will das Große. Sie will, dass dem Unrecht Einhalt geboten ist. Sie will, dass die Ungleichheit überwunden und allen ihr Anteil an den Gütern der Welt wird. Sie will, dass die Unterdrückten ihre Freiheit erhalten. Sie will das Große. Sie will das Gute. Und deswegen ist die Jugend – seid ihr – auch wieder ganz offen für Christus. Christus hat uns nicht das bequeme Leben versprochen. Wer Bequemlichkeit will, der ist bei ihm allerdings an der falschen Adresse. Aber er zeigt uns den Weg zum Großen, zum Guten, zum richtigen Menschenleben. Wenn er vom Kreuz spricht, das wir auf uns nehmen sollen, ist es nicht Lust an der Quälerei oder kleinlicher Moralismus.

Es ist der Impuls der Liebe, die aufbricht aus sich selbst heraus, die nicht umschaut nach sich selber, sondern den Menschen öffnet für den Dienst an der Wahrheit, an der Gerechtigkeit, am Guten. Christus zeigt uns Gott und damit die wahre Größe des Menschen. *(Ansprache, 25.4.05)*

Apostel

Versucht, die Kirche kennenzulernen, sie zu verstehen und zu lieben, indem ihr der Stimme ihrer Hirten Gehör schenkt. Sie setzt sich aus Menschen zusammen, aber Christus ist ihr Haupt und sein Geist führt sie sicher. Ihr seid das junge Antlitz der Kirche: Lasst es daher nicht an eurem Beitrag fehlen, damit das von ihr verkündete Evangelium überall Verbreitung finden kann! Seid Apostel eurer Altersgenossen! *(Ansprache, 14.6.08)*

Einladung

Wenn wir jung und leicht zu beeinflussen sind, lassen wir uns von unseren Altersgenossen einfach mitreißen und übernehmen Vorstellungen und Werte, von denen wir wissen, dass sie nicht das sind, was der Herr wirklich für uns will. Daher sage ich euch: Fürchtet euch nicht, sondern freut euch über seine Liebe zu euch; vertraut ihm, antwortet auf seinen Ruf, seine Jünger zu sein, und findet Nahrung und geistliche Heilung in den Sakramenten der Kirche. *(Ansprache, 18.4.10)*

Botschafter

Die Hoffnung! Dieses Wort, auf das ich immer wieder zurückkomme, passt wirklich zur Jugend. Ihr, liebe Jugendliche, seid die Hoffnung der Kirche! Sie erwartet von euch, dass ihr zu Boten der Hoffnung werdet … *(Ansprache, 28.9.09)*

Zeugen des Glaubens

Auf Christus schauen

Auch heute reicht es nicht aus, irgendwie so zu sein und zu denken wie alle anderen. Unser Leben ist weiter angelegt. Wir brauchen Gott … Auf Christus schauen! Wenn wir das tun, dann sehen wir, dass das Christentum mehr und etwas anderes ist als ein Moralsystem, als eine Serie von Forderungen und von Gesetzen. Es ist das Geschenk einer Freundschaft … *(Predigt, 8.9.07)*

Groß werden

Ihr werdet groß, wenn ihr imstande seid, euer Leben zu einem Geschenk an die anderen zu machen, nicht sich selbst zu suchen, sondern sich den anderen hinzugeben: das ist die Schule der Liebe. *(Ansprache, 30.10.10)*

Zeugen der Liebe

Sorgt euch darum, das Wohl des anderen zu suchen, in Treue zu den eingegangenen Verpflichtungen. Zögert nicht, mit Freude auf einige eurer Vergnügungen zu verzichten. Nehmt frohen Herzens die notwendigen Opfer auf euch. Bezeugt eure treue Liebe zu Jesus, indem ihr sein Evangelium besonders unter euren Altersgenossen verkündigt.

(*Botschaft, 27.1.07*)

Zeugen der Nächstenliebe

Liebe Jugendliche, pflegt eure Talente nicht nur, um einen sozialen Status zu erreichen, sondern auch, um den anderen beim »Wachsen« zu helfen. Entwickelt eure Fähigkeiten nicht nur, um »konkurrenzfähiger« und »produktiver« zu werden, sondern um »Zeugen der Nächstenliebe« zu sein.

(*Botschaft, 27.1.07*)

Entscheidungen

Trefft Entscheidungen, die euren Glauben zum Ausdruck bringen; zeigt, dass ihr erkannt habt, welche Gefahren in der Vergötzung des Geldes, der materiellen Güter, des Strebens nach Karriere und Erfolg liegen, und lasst euch von diesen Trugbildern nicht verführen. Gebt nicht der Logik egoistischer Interessen nach, sondern übt euch in Nächstenliebe und bemüht euch, euch und eure menschlichen und beruflichen Fähigkeiten in den Dienst des Gemeinwohls und der Wahrheit zu stellen, stets bereit, »jedem Rede und Antwort zu stehen, der nach der Hoffnung fragt, die euch erfüllt« (1 Petr 3,15). Der wahre Christ ist nie traurig, auch wenn er mit Prüfungen verschiedener Art konfrontiert wird. Die Gegenwart Jesu ist nämlich das Geheimnis seiner Freude und seines Friedens. *(Botschaft, 22.2.09)*

Nachfolge

Christus nachfolgen, liebe Jugendliche, bringt
darüber hinaus die ständige Anstrengung mit sich,
den eigenen Beitrag für die Errichtung einer
gerechteren und solidarischeren Gesellschaft zu
leisten, wo alle in den Genuss der Güter der Erde
kommen können.   *(Predigt, 2.9.07)*

Zeugnis

Liebe Jugendliche, lasst euch in das neue Leben
hineinnehmen, das der Begegnung mit Christus
entspringt, und ihr werdet in der Lage sein,
Apostel seines Friedens in euren Familien, unter
euren Freunden, in euren kirchlichen Gemeinschaften und in den verschiedenen Bereichen zu
sein, in denen ihr lebt und wirkt. *(Predigt, 2.9.07)*

Der Look

Heute pflegt man von der »Imagepflege« oder »Imagesuche« zu sprechen. Um ein Minimum an Erfolg haben zu können, ist es nötig, sich in den Augen der anderen mit etwas Außergewöhnlichem, Originellen Geltung zu verschaffen. In beschränktem Maß kann dies ein Ausdruck des unschuldigen Wunsches sein, gut aufgenommen zu werden. Aber oft schleicht sich der Stolz ein, die übertriebene Suche nach uns selbst, der Egoismus und der Wille zu herrschen. In Wirklichkeit ist es eine tödliche Falle, das Leben auf sich selbst zu konzentrieren: Wir können nur wir selbst sein, wenn wir uns der Liebe öffnen, indem wir Gott und unsere Brüder und Schwestern lieben.

(Ansprache, 17.6.07)

Apostolat

Während ich euch, die hier anwesenden Jugendlichen, ansehe, die ihr Freude und Begeisterung
ausstrahlt, nehme ich den Blick Jesu an: einen
Blick der Liebe und des Vertrauens, in der Ge-
wissheit, dass ihr den wahren Weg gefunden habt.
Ihr seid die jungen Menschen der Kirche. Ich
übertrage euch daher die große Sendung, die
jungen Männer und Frauen zu evangelisieren, die
in dieser Welt umherirren wie Schafe, die keinen
Hirten haben. Seid die Apostel der jungen
Menschen. Ladet sie ein, mit euch zu gehen und
wie ihr den Glauben, die Hoffnung und die Liebe
zu erfahren und Jesus zu begegnen, um sich
wirklich geliebt und angenommen zu fühlen, mit
der vollen Möglichkeit, sich zu verwirklichen.

(Ansprache, 10.5.07)

Mission

Die Gesellschaft, die in unserer Zeit von zahllosen sozialen Veränderungen gekennzeichnet ist, erwartet euren Beitrag, um ein weniger egoistisches und immer solidarischeres gemeinschaftliches Zusammenleben aufzubauen, das wirklich von den großen Idealen der Gerechtigkeit, der Freiheit und des Friedens beseelt wird. Das ist eure Sendung, liebe junge Freunde! Lasst uns arbeiten für Gerechtigkeit, Frieden, Solidarität und die wahre Freiheit. *(Ansprache, 21.4.07)*

Herausforderungen

(Ich nenne) einige große aktuelle Herausforderungen, die für das Leben dieser Welt dringlich und wesentlich sind: der Gebrauch der Ressourcen der Erde und die Achtung der Ökologie, die gerechte Güterverteilung und die Kontrolle der Finanzmechanismen, die Solidarität mit den armen Ländern innerhalb der Menschheitsfamilie, der Kampf gegen den Hunger in der Welt, die Förderung der Würde der menschlichen Arbeit, der

Dienst an der Kultur des Lebens, der Aufbau des Friedens unter den Völkern, der interreligiöse Dialog, der gute Gebrauch der sozialen Kommunikationsmittel. Ihr seid aufgerufen, auf diese Herausforderungen zu antworten, um eine gerechtere und brüderlichere Welt aufzubauen. Diese Herausforderungen verlangen einen anspruchsvollen und leidenschaftlichen Lebensentwurf, in den ihr euren ganzen Reichtum einbringen müsst gemäß dem Plan, den Gott für einen jeden von euch hat. Es geht nicht darum, heroische oder außerordentliche Taten zu vollbringen, sondern so zu handeln, dass die eigenen Talente und Fähigkeiten nutzbringend eingesetzt werden, und sich dabei zu bemühen, ständig im Glauben und in der Liebe zu wachsen.

(Botschaft, 22.2.10)

Umweltschutz

Den neuen Generationen ist die Zukunft des Planeten anvertraut, auf dem die Zeichen einer Entwicklung offensichtlich sind, die es nicht immer verstanden hat, die empfindlichen Gleichgewichte der Natur zu schützen. Bevor es zu spät ist, ist es notwendig, mutige Entscheidungen zu treffen, durch die ein starker Bund zwischen dem Menschen und der Erde neu geschaffen wird. Ein entschlossenes »Ja« zur Bewahrung der Schöpfung und ein starker Einsatz sind notwendig, um jene Tendenzen umzukehren, die in eine Situation unumkehrbaren Niedergangs zu führen drohen.   *(Predigt, 2.9.07)*

Wirkliche Freiheit

Was ich auf Kosten des anderen tue, ist keine Freiheit, sondern schuldhaftes Handeln, das den anderen und damit letztlich auch mich selbst beeinträchtigt. Wirklich frei entfalten kann ich mich nur, wenn ich meine Kräfte auch zum Wohl der Mitmenschen einsetze.   *(Ansprache, 22.9.11)*

Gedächtnis

Die konsumorientierte Kultur unserer Zeit tendiert … dazu, den Menschen nur auf die Gegenwart zu reduzieren, ihn das Bewusstsein der Vergangenheit, der Geschichte, verlieren zu lassen. So beraubt sie ihn aber der Fähigkeit, sich selbst zu verstehen, die Probleme zu erkennen und seine Zukunft aufzubauen. Was ich euch also sagen möchte, liebe Jugendliche, ist Folgendes: Ein Christ ist jemand, der ein gutes Gedächtnis hat, der die Geschichte liebt und danach sucht, sie zu kennen. *(Ansprache, 4.7.10)*

Intensiv leben

Mein heutiger Appell an euch, liebe Jugendliche, … ist: Vergeudet eure Jugend nicht. Versucht nicht, vor ihr zu fliehen. Lebt sie intensiv. Weiht sie den hohen Idealen des Glaubens und der menschlichen Solidarität. *(Ansprache, 10.5.07)*

Antworten

Niemand hat Gott gesehen, so wie er in sich ist. Und trotzdem ist Gott uns nicht gänzlich unsichtbar, nicht einfach unzugänglich geblieben. Gott hat uns zuerst geliebt, sagt der … Johannesbrief (vgl. 4,10), und diese Liebe Gottes ist unter uns erschienen, sichtbar geworden dadurch, dass er »seinen einzigen Sohn in die Welt gesandt hat, damit wir durch ihn leben« (1 Joh 4,9). Gott hat sich sichtbar gemacht: In Jesus können wir den Vater anschauen (vgl. Joh 14,9). In der Tat gibt es eine vielfältige Sichtbarkeit Gottes. In der Geschichte der Liebe, die uns die Bibel erzählt, geht er uns entgegen, wirbt um uns – bis hin zum Letzten Abendmahl, bis hin zu dem am Kreuz durchbohrten Herzen, bis hin zu den Erscheinungen des Auferstandenen und seinen Großtaten, mit denen er durch das Wirken der Apostel die entstehende Kirche auf ihrem Weg geführt hat. Und in der weiteren Geschichte der Kirche ist der Herr nicht abwesend geblieben: Immer neu geht er auf uns zu – durch Menschen, in denen er durchscheint; durch sein Wort, in den Sakramenten, besonders in der Eucharistie. In der Liturgie der

Kirche, in ihrem Beten, in der lebendigen Gemeinschaft der Gläubigen erfahren wir die Liebe Gottes, nehmen wir ihn wahr und lernen so auch, seine Gegenwart in unserem Alltag zu erkennen. Er hat uns zuerst geliebt und liebt uns zuerst; deswegen können auch wir mit Liebe antworten. Gott schreibt uns nicht ein Gefühl vor, das wir nicht herbeirufen können. Er liebt uns, lässt uns seine Liebe sehen und spüren, und aus diesem »Zuerst« Gottes kann als Antwort auch in uns die Liebe aufkeimen.

(Enzyklika »Deus caritas est«, Nr. 17)